간추린
한국선사상사

간추린 한국선사상사

【 선의 전래부터 고려시대까지 】

정영식 지음

초보자를 위한 한국선 입문서

운주사

서언

1970년대 이후 한국선사상에 대한 연구는 점점 증가되어 왔다. 특히 1990년대에 들어와서는 양적으로 급격한 증가세를 보이고 있을 뿐만 아니라 질적으로도 우수한 연구성과들이 속속 발표되고 있다. 예를 들어 박사학위 논문의 편수를 조사해보면, 1970년대에 1편, 1980년대에 2편에 불과하던 것이 1990년대 이후에 급격히 증가하여 13편이 간행되었고, 2000년 이후에는 16편이 간행되었다.

한국선에 관한 연구성과의 증가는 고무적인 현상이지만, 삼국시대에서 현대에 이르는 통사가 존재하지 않는다는 것은 문제이다. 한국선사상에 관한 최초의 통사는 누카리야 카이텐(忽滑谷快天)에 의한 『朝鮮禪教史』(春秋社, 1930)이다. 그러나 주지하다시피 이 책은 조동종 승려로서의 저자의 관점이 지나치게 강하여 공정한 역사적 평가를 결여하고 있다. 그 이후 한국의 학자들에 의해 한국선사상에 대한 저술이 나왔는데, 예를 들면 『한국선사상연구』(동국대학교 출판부, 1984)·『한국선사상연구』(한기두, 一志社, 1991)가 있고, 시대별로는 『신라선종의 연구』(정성본, 민족사, 1995)·『고려시대 선사상연구』(권기종, 한국불교연구원, 2002) 등이 있다. 하지만 이들 저술들도 대부분 논문 모음집의 성격이 강하여 초심자들이 접근하기에는 어려움이 많다. 필자는 이에 대한 아쉬움을 지니고 있었고, 특히 대학에서 한국선종사를 강의하면서 적당한 교재가 없어서 곤란을 느낀 적이 많았다.

본서는 이러한 인식하에 초심자를 위한 입문서 내지 대학에서의 교재용으로 기획되었다. 그래서 2, 3일 정도에 완독할 수 있도록 가능한 한 양을 줄였으며, 특히 연구자들에게 도움이 될 수 있도록 한국선사상사 관련 논문목록을 부록으로 실었다.

본서는 삼국시대에서 고려시대까지를 대상으로 하고 있지만 원래는 조선시대를 포함해서 통사로서 간행할 예정이었다. 그러나 현재의 필자의 사정과 능력으로는 조선시대 선사상에 관한 집필이 불가능했기 때문에 할 수 없이 고려시대까지만 우선 간행하기로 하였다. 그 이유는 아직 필자가 조선시대 선사상에 대해 공부가 얕기 때문이기도 하지만, 현재 학계에서 조선시대 선사상에 관한 연구가 대단히 부족하기 때문이다.

조선시대 선사상에 관해서는 연구해야 될 분야가 대단히 많다. 우선 『한국불교전서』 권7~10에 실린 조선시대 문헌의 대부분이 번역되어 있지 않다. 기존의 연구상황을 보면 청허휴정淸虛休靜이나 김시습金時習 등 일부의 개인에 관한 연구나 조선 말의 선논쟁 등에 관한 부분적 연구는 되어 있으나 '조선시대 선사상'을 총괄하는 연구는 나와 있지 않다. 그래서 필자의 앞으로 연구과제 중 하나는 조선시대 선사상을 정리하는 것으로 삼을 예정이다.

  본서가 초심자를 위한 입문서 내지 대학 교재용이라는 애초의 목표를 달성했는지는 알 수 없다. 그리고 필자의 능력이 미천한 탓에 부족한 점이 많을 것이라 생각한다. 또한 가능한 한 책의 두께를 줄이려고 의도했기 때문에 빠진 부분도 있을 것이다. 특히 고려 말의 선사상에 대해서는 여말삼사麗末三師를 서술하는 것에 그쳤다. 선배 제학들의 많은 질정을 바란다.

  마지막으로 본서의 출판을 흔쾌히 수락해 주신 운주사의 김시열 사장님과 출판부 직원들에게 감사드린다. 또한 부족한 남편을 언제나 말없이 도와주는 아내와 딸에게 이 자리를 빌려 미안하고 고마운 마음을 전한다.

2014년 6월
정영식 씀

서언 _5

 I장 선의 전래와 구산선문의 성립 • 13

　　1. 선의 전래 _17

　　　　1) 법랑과 양주지덕 _17

　　　　2) 신행 _20

　　2. 정중무상 _21

　　　　1) 생애 _21

　　　　2) 사상 _22

　　　　　　(1) 삼구설 _22

　　　　　　(2) 인성염불 _24

　　　　3) 마조도일과의 관계 _26

　　　　4) 티베트불교에 공헌 _27

　　3. 구산선문 _30

　　　　1) 구산선문의 성립 _30

　　　　2) 구산선문 개념의 문제점 _41

　　4. 요오순지 _44

　　　　1) 생애 _44

　　　　2) 선사상 _45

II장 구산선문의 전개와 종파의 융성 • 51

    1. 『선문보장록』 _55

        1) 『선문보장록』의 구성 _55

        2) 『선문보장록』에 나타난 사상 _57

            (1) 철저한 교외별전 _57

            (2) 「현각선사교외수선장」 _60

        3) 일실逸失문헌의 존재 _66

    2. 법안종의 유입 _68

        1) 법안종의 유입 과정 _68

        2) 고려 법안종의 성격 _71

    3. 대각국사 의천 _74

        1) 의천의 천태종 개창 _74

        2) 의천의 남종선 비판 _76

 III장 조계종의 성립과 전개 • 81

    1. 『능엄경』의 유행: 이자현의 선 _85

    2. 묵암탄연 • 봉거학일 _89

    3. 보조지눌 _97

        1) 돈오점수사상 _98

2) 간화선사상 _103

　　3) 삼현문 사상 _106

　　4) 『진심직설』 저자의 문제 _109

4. 진각혜심 _115

　　1) 간화선사상 _116

　　　(1) 무자공안의 유래 _116

　　　(2) 혜심의 간화선 이해 _122

　　2) 혜심의 심心 이해 _128

　　　(1) 유심有心수행-지관止觀·정혜定慧 _131

　　　(2) 무심無心수행-간화선 _134

　　　(3) 『종경록』이 혜심사상에 미친 영향 _137

5. 고려 중기의 위앙종·조동종 선풍 _140

　　1) 『종문원상집』 _140

　　2) 『중편조동오위』 _144

Ⅳ장 임제종 중심주의 -여말삼사의 선사상 • 147

1. 태고보우 _151

　　1) 임제선법의 전래 _151

　　2) 간화선 사상 _153

　　3) 정토사상 _155

4) 교단개혁 _158

2. 나옹혜근 _160

　　1) 범승 지공의 영향 _160

　　2) 임제정종의 고취 _164

　　3) 입문삼구와 삼전어 _168

　　4) 공부십절목 _172

　　5) 여말선초의 나옹현창 운동 _174

3. 백운경한 _176

　　1) 무심선 _177

　　2) 조사선 _179

　　3) 『직지심경』에 대해 _180

참고문헌 _182

부록: 한국선사상사 관련 논문 목록 _185

I장

선의 전래와 구산선문의 성립

우리나라는 삼국시대부터 구법을 위하여 중국에 유학하는 승려들이 많았다. 그중에는 인도까지 여행하거나 또는 중국에서 활약하다 사망하는 승려들도 있었다. 이와 같이 중국에 유학한 승들에 의해 우리나라에 선이 전래되었다.[1] 최초로 선을 전래한 사람은 4조 도신道信의 제자인 법랑(法朗, 7세기~8세기)과 그 제자인 신행愼行, 그리고 5조 홍인弘忍의 제자인 지덕智德이었다. 이들은 북종의 능가선楞伽禪을 전래하였다고 전해진다.

최초기에 우리나라에 전래된 선은 중국에서 남종과 북종이 갈라지기 이전의 선이었는데, 정중무상(淨衆無相, 684~762)도 마찬가지였다. 무상은 당시 남종과 북종이 서로 대립하고 있던 장안과 멀리 떨어진 사천四川지방에서 크게 활약하여, 정중종淨衆宗을 개창하였으며, 무상의 제자인 무주無住는 보당종保唐宗의 개조였다. 무상은 동아시아불교에 큰 영향을 끼쳤는데, 마조도일馬祖道一과 깊은 관계에 있을 뿐만 아니라 티베트의 불교 도입에 크게 활약했기

---

[1] 삼국시대에서 통일신라시대는 중국에서 선이 전래된 초기로서 남아 있는 문헌자료가 거의 없으므로 연구에 어려움이 많다. 이 시기의 기본자료로서는 최치원의 四山碑銘을 비롯한 약간의 금석문, 『祖堂集』의 신라선승의 略傳, 一然의 『三國遺事』와 天頙의 『禪門寶藏錄』에 수록된 단편자료 등에 불과하다.

때문이다.

　우리나라에 선의 종파가 성립된 것은 통일신라 말에서 고려 초에 걸쳐서 점차적으로 형성된 구산선문九山禪門이 최초이다. 구산선문은 중국에 유학한 선승들에 의해 성립되었는데, 구산선문의 개조들은 대부분 경주 출신의 귀족이거나 지방호족 가문 출신이었다. 따라서 귀국 후에도 왕의 귀의를 받아 크게 활약하였다. 그들은 수미산須彌山 조사 이엄利嚴 외에는 모두 홍주종 계통의 법을 전래한 것이 특징이다.

　그러나 '구산선문은 통일신라 말에서 고려 초까지의 선종산문 전체를 대변하지는 못한다'는 주장도 있다. 왜냐하면 구산선문 가운데는 당시에 큰 세력을 지녔던 산문이나 선승이 빠져 있는 경우가 많기 때문이다. 그 대표적인 사람이 고려 태조 일족의 귀의를 받아 개성開城에서 활약했던 순지順之이다. 순지는 구산선문과는 다른 위앙종의 사상을 전파했는데 사대팔상四對八相·양대사상兩對四相 등의 상론相論은 대단히 독특한 것이었다.

1. 선의 전래

1) 법랑과 양주지덕

한국선은 중국선의 전래에 의해 성립되었다. 즉 중국에 유학한 승려들이 당시의 중국선을 배워옴으로서 선이 전래되었던 것이다. 우리나라에 최초로 선을 전래한 사람은 법랑(法朗, 7세기~8세기)이다. 법랑에 대해서는 희양산문의 개조인 도헌(道憲, 824~882)의 비문인 「봉암사지증대사적조탑비명鳳巖寺智證大師寂照塔碑銘」에 유일하게 기록이 남아 있다.

> (도헌의) 법의 계보를 보면, 당의 제4조 도신(道信, 580~651)을 오대五代 스승으로 하여 점차 동쪽의 이 땅에 법을 전하여 왔는데, 법맥을 위로 따져보면 쌍봉雙峰의 제자는 법랑이고 손제자는 신행이며, 증손제자는 준범이요 현손제자는 혜은이며, 내손제자가 대사이다. 법랑대사는 대의大醫 4조 도신에게서 크게 깨달 았는데, 중서령中書令 두정륜杜正倫이 지은 「도신대사명道信大師 銘」에 이르기를 '멀리 떨어진 지방의 재주가 뛰어난 사람이 험난

한 길을 꺼리지 않고 여기에 이르러, 보물을 움켜쥐고 돌아갔다'
했으니, 그가 법랑대사가 아니고 누구이겠는가? 다만 아는 사람
은 말하지 않으므로 다시 은밀한 곳에 감추어 두었는데, 비장秘藏
한 것을 능히 찾아낸 이는 오직 신행대사뿐이었다.[2]

이 비문에 의하면 법랑은 중국에 유학하여 중국선종의 제4조인 도신에게서 수학한 뒤 신라로 돌아왔다고 한다. 그러나 다른 구산선문의 개조들과 마찬가지로 신라에서 별로 환영받지 못하고 숨어 지냈다. 법계상으로는 도신道信 → 법랑法朗 → 신행愼行 → 준범遵範 → 혜은慧隱 → 도헌道憲으로 이어진다. 법랑에 대해서는 「지증대사 적조탑비명」이 유일한 기록이므로 그의 사상에 대해서는 다만 추정할 수 있을 뿐이다. 법랑은 다음과 같은 사상을 지녔을 것으로 생각된다.

① 도신의 제자이므로 『능가경楞伽經』에 기반한 능가선楞伽禪을 펼쳤을 것으로 생각되며, 북종선적인 사상을 소유했을 것이다.

② 로버트 버스웰Robert Buswell은 '법랑은 『금강삼매경金剛三昧經』의 저자이며, 『금강삼매경』은 선종의 교학적 근거를 제시한

---

[2] 法胤唐四祖爲五世父. 東漸于海, 遡游數之, 雙峰子法朗, 孫愼行, 曾孫遵範, 玄孫慧隱, 來孫大師也. 朗大師從豎之大證. 按杜中書正倫纂銘敍云, 遠方奇士 異域高人, 無憚險途來至珍所, 則掬寶歸止, 非師而誰. 第知者不言, 復藏于密, 能撣秘藏唯行大師.(『조선금석총람』 권상, pp.90~91)

최초의 경전이다'³라고 주장한다. 즉 『금강삼매경』은 중국이 아닌 한국에서 찬술된 위경僞經으로서, 수일守一 등의 선사상이 나오는 것으로 보아 북종선을 배운 신라 선사에 의해 저술되었다고 한다. 또 『금강삼매경』의 저자는 원효(元曉, 617~686)의 『금강삼매경론金剛三昧經論』이 나오기 이전의 신라 선사여야 하므로 그 가능성이 가장 큰 인물이 법랑이라는 주장이다. 그러나 버스웰 교수의 주장을 검토해 보면, 대부분이 상황증거에 의존해 있기 때문에 법랑이 『금강삼매경』의 찬자라고 단언할 수는 없다고 생각된다.

또 『능가사자기楞伽師資記』 등 북종 계열의 등사燈史에는 중국 선종 5조 홍인(弘忍, 594~674)의 10대제자 중 한 사람으로 '양주고려승揚州高麗僧 지덕智德'을 들고 있다. 이때 고려란 고구려를 가리키는데, 지덕이란 승려가 중국의 양주지방에서 활동하였고 북종계열의 승려였으며, 5조 홍인의 10대 제자에 이름이 들어가는 것을 보면 고승이었음을 알 수 있다. 그러나 홍인의 10대 제자에 대해서는 문헌마다 다르며, 지덕을 10대제자로 꼽지 않는 문헌도 있다. 지덕에 대해서 이 이상의 정보는 알 수 없지만, 구산선문의 개조 대부분이 남종南宗 계통의 홍주종洪州宗을 잇기 이전에 신라에는 북종선이 전래되었음을 알 수 있다.

---

3 Robert E. Buswell, Jr. *The formation of Chan ideology in China and Korea: the Vajrasamadhi-Sutra, a Buddhist Apocryphon*(Princeton Univ. Press, 1989)

2) 신행

신행(信行 또는 愼行, 704~779)은 법랑의 제자로, 성은 김씨金氏며 경주 출신이다. 장성한 나이에 출가하여 운정율사運精律師에게서 2년 동안 수행하였으며, 스승인 법랑이 죽자 당에 가서 북종의 지공志空 밑에서 3년 동안 수행하였고, 지공으로부터 관정수기灌頂授記를 받았다. 귀국 후 북종선을 선양하다가 지리산 단속사斷俗寺에서 입적하였다. 813년(元和 8)에 김헌정金獻貞이 「해동고신행선사지비병서海東故神行禪師之碑幷序」를 짓고, 지리산에 탑을 세웠다. 북종선의 기본사상인 좌선간심坐禪看心과 『대승무생방편문大乘無生方便門』의 방편법문方便法門을 계승하였다.

2. 정중무상

1) 생애

신라 성덕왕聖德王의 셋째 왕자로, 728년(성덕왕 27)에 당나라로 가서 처적(處寂, 648~734)에게서 공부하고 사천四川 정중사淨衆寺의 주지가 되었다. 최치원이 지은 「봉암사지증대사적조탑비鳳巖寺智證大師寂照塔碑」의 "중국에서 돌아가신 분은 정중무상淨衆無相·상산혜각常山慧覺이 있는데, 선보禪譜에서 말하는 익주김益州金과 진주김鎭州金이 이들이다(西化則靜衆無相常山慧覺. 禪譜益州金鎭州金者是)"에서 보면, 무상선사(684~762)가 중국에서 시적한 것을 알 수 있다. 또한 무상선사는 티베트의 불교 도입에 큰 역할을 담당했다는 것이 밝혀지고 있으며, 무상선사의 어록이 티베트어로 번역되기도 하였다. 『역대법보기歷代法寶記』에 의하면, 무상이 처적處寂의 법을 얻은 뒤에 천곡산天谷山의 바위 밑에 거주하면서 초의절식草衣節食하고, 또 먹을 것이 없으면 흙을 먹기도 하는 두타행頭陀行을 하였으며, 어떤 때는 맹수들도 이러한 무상의 두타행과 신이神異에 감복되어 호위하였다고 한다. 자주지선資州智詵 → 처적處寂 → 무상

無相 → 무주無住로 이어지는 보당종保唐宗의 승려이면서, 동시에 정중종淨衆宗의 개창자이다.

2) 사상

(1) 삼구설

무상선사는 무억無憶·무념無念·막망莫忘의 삼구三句로서 요체를 삼았는데, 이에 대해서 『역대법보기』에서는 다음과 같이 말하고 있다.

> 김화상은 매년 12월과 정월에 사부대중 백천만 인을 위해서 수계설법授戒說法하였다. 도량을 장엄하고 높이 단상에 올라 설법할 때엔, 먼저 인성염불引聲念佛하여 일기一氣의 숨을 전부 다 내쉬게 한 뒤에 목소리가 끊어지고 한 생각이 끊어졌을 때 다음과 같이 말했다. '억측하지 말고[無憶], 망상을 갖지 말며[無念], 잊지 말라[莫忘]. 무억은 바로 계戒요, 무념은 바로 정定이며, 막망은 다름 아닌 혜慧인 것이다. 이 삼구의 말은 바로 총지문摠持門이다'라고.[4]

---

[4] 金和上每年十二月正月, 與四衆百千萬人, 受緣嚴設道場處, 高座說法. 先教引聲念佛, 盡一氣念, 絶聲停念訖云, 無憶無念莫妄. 無憶是戒, 無念是定, 莫妄是惠. 此三句語卽是總持門.(『역대법보기』, 대정장 51, 185a)

무상은 삼구를 삼학三學에 각각 배대하고 있는데, 즉 무억은 계에, 무념은 정에, 막망은 혜에 대응한다고 한다. 나아가 삼구 중에서도 무념이 가장 중요하다고 말한다.

이 삼구는 총지문總持門이다. 염이 일어나지 않는 것이 계문戒門이고, 염이 일어나지 않는 것이 정문定門이며, 염이 일어나지 않는 것이 혜문慧門이다. 무념無念이면 계정혜가 구족한 것이다. 과거·미래·현재의 수많은 제불諸佛은 모두 이 문으로부터 들어왔다. 만약 다른 문이 있다면 옳지 않다.[5]

무억·무념·막망은 말 그대로 해석하면 '억측하지 말 것', '망상을 갖지 말 것', '잊지 말 것'으로 번역할 수 있다. 그런데 규봉종밀(圭峰宗密, 780~841)은 『원각경대소초圓覺經大疏鈔』[6]에서 무억을 '지나간 과거에 집착하지 않는 것', 무념을 '미래의 일을 미리 염려하지 않는 것', 막망을 '지혜와 상응하여 어둡지 않는 것'으로 해석하고 있다. 또 무상의 제자이자 보당종保唐宗의 개조인 보당무주(保唐無

---

5 此三句語是總持門. 念不起是戒門, 念不起是定門, 念不起是惠門. 無念卽是戒定惠具足. 過去未來現在恒沙諸佛, 皆從此門入. 若更有別門, 無有是處.(『역대법보기』, 대정장 51, 185b))
6 종밀은 무상과 같이 四川지방에서 주로 활동하였는데, 『원각경대소초』에서 당시 사천지방의 선종 상황에 대해서 상세하게 서술하고 있다.

住, 714~774)는 무상의 삼구설을 계승하면서도, 막망의 망忘을 망妄으로 고치고 있음을 알 수 있다.

(2) 인성염불

삼구를 수행하기 위한 구체적인 수행법으로서 무상이 드는 것이 바로 '인성염불引聲念佛'이다. 인성염불이란 '곡조를 붙여서 아미타불의 이름을 부르는 것'인데, 앞의 『역대법보기』에서 말하고 있는 대로이다. 무상의 인성염불에 대한 더 상세한 기술은 보이지 않지만, 당시 사천지방에 존재하였던 남산염불문선종南山念佛門禪宗과 관계가 있는 것은 확실한 듯하다. 종밀은 『원각경대소초』에서 남산염불문선종에 대해서 설명하면서 다음과 같이 말한다.

> 『원각경대소圓覺經大疏』에 '향香을 전함으로서 불佛이 현전하게 한다〔藉傳香而存佛〕'는 것은 제6가家로서, 남산염불문선종南山念佛門禪宗이다. 그 선조는 오조 홍인五祖 弘忍 하에서 나온 것이다. 선집宣什·과주果州의 미화상未和尚·낭주閬州의 온옥蘊玉·상여현相如縣의 비구니인 일승一乘 등이 이를 넓혔다. 나머지는 그 사승師承관계를 정확히 알지 못한다. '향을 전한다'는 것은 처음에 대중을 모아놓고 예참 등의 의식을 하는 것인데, 김화상의 문하와 같다. 즉 수계식을 할 때에 향을 전함으로서 징표로 삼는데, 스승이 손으로 제자에게 주면 제자가 다시 스승에게

전해준다. 이것을 다시 스승이 제자에게 전해주어서, 이와 같이 세 번을 한다. '불佛이 현전한다'는 것은 수계受戒를 할 때에 먼저 법문의 도리와 수행의 의미를 설한 후에, 일자염불一字念佛을 하게 하는 것이다. 즉 처음에 소리를 크게 하여 염불하다가 점점 소리가 작아져서, 결국에는 소리가 없어지게 한다. 즉 '아미타불' 하는 소리를 마음속에 보내는 것이다. 그러다가 번뇌가 다시 커지면, 또 염불하여 아미타불을 마음속에 보낸다. 이와 같이 항상 불佛을 생각하여 마음속에 두어, 무상無想으로 되면 도를 얻게 되는 것이다.[7]

이상에서 보면 남산염불문선종의 일자염불一字念佛과 무상이 전한 인성염불引聲念佛은 유사하다고 할 수 있을 것이다.

---

[7] 疏有藉傳香而存佛者, 第六家也. 即南山念佛門禪宗也. 其先亦五祖下分出. 法名宣什, 果州未和上, 閬州蘊玉, 相如縣尼一乘, 皆弘之. 余不的知稟承師資照穆. 言傳香者, 其初集衆禮懺等儀式, 如金和上門下. 欲授法時, 以傳香爲資師之信. 和上手付, 弟子卻授和上. 和上卻授弟子, 如是三遍. 人皆如地. 言存佛者, 正授法時, 先說法門道理修行意趣. 然後令一字念佛. 初引聲由念, 後漸漸沒聲, 微聲乃至無聲. 送佛至意, 意念猶麤, 又送至心. 念念存想有佛, 恒在心中. 乃至無想盡得道.(『원각경대소초』 권3, 만속장경 X9, 534c)

3) 마조도일과의 관계

규봉종밀은 『원각경대소초』 권3에서 무상의 제자로서 당사 석當寺石·장송산 마長松山 馬·수주 이遂州 李·통천현 이通泉縣 李의 네 사람을 들고 있다. 당사 석은 정중신회(淨衆神會, 720~794)를, 장송산 마는 마조도일(馬祖道一, 709~788)을 가리킨다. 즉 마조도일을 무상의 제자라고 주장하고 있는 것이다.[8] 그런데 문제는 오직 종밀만이 마조가 무상의 제자라고 주장할 뿐 다른 사람은 이러한 주장을 하고 있지 않다는 점이다.

마조는 원래 한주(漢州, 오늘날의 四川省 漢縣) 출신으로, 자주資州의 처적處寂에게 나아가 삭발하고, 유주(渝州, 오늘날의 四川省 巴縣)의 원율사圓律師로부터 구족계를 받았다. 『원각경대소초』에 나오는 장송산長松山은 사천성四川省 간양현簡陽縣에 있는 산으로서, 마조가 사천사람이며 처적에 나아가서 출가한 것은 분명하다. 그러나 무상(684~762)이 입당하여 처적을 찾아간 것이 728년(開元 16)이고 처적의 몰년이 732년이므로, 만약 무상과 마조가 함께 처적 밑에서 공부했다면 728~732년 사이일 것이다. 이때 마조(709~788)는 20세 전후로서 막 구족계를 받을 시점이었다고 생각된

---

8 종밀은 『中華傳心地禪門師資承襲圖』에서도 마조도일에 대해 '洪州宗者, 先卽六祖下傍出. 謂有禪師, 姓馬, 名道一. 先是劍南金和尙弟子也(金之宗源卽智詵也. 亦非南北.)'(만속장경 X63, 31c)고 하고 있다.

다. 따라서 728~732년의 어느 시점에 무상이 마조의 사형師兄이었을 가능성은 충분하다고 생각되지만, 마조가 무상의 사법상의 제자일 수는 없을 것이다. 그러나 당시 무상의 나이가 45세, 마조는 20세 전후로서 연령 차이가 25년이나 되며, 무상이 이미 고승으로서 사천지방에 이름이 나 있었으므로 무상이 마조에게 일정한 가르침을 주었을 가능성도 배제할 수는 없다. 어쨌든 무상이 중국선의 거목인 마조도일에게 영향을 준 것은 부정할 수 없다.

4) 티베트불교에 공헌

무상은 8세기에 사천성을 중심으로 활약하였고 중국에서 입적하였다. 그런데 무상은 당시 촉蜀지방에서 대단히 큰 영향력을 가지고 있었음을 알 수 있다. 그중 하나가 티베트불교와의 관계이다.

당시 중국 내륙에서는 북종(神秀, 606~706)과 남종(慧能, 638~713)이 형성되어 있었지만, 사천지방에서는 무상에 의한 정중종淨衆宗이 유행하고 있었다. 이와 같이 사천지방에 유행했던 정중종이 티베트에 유입되었고, 무상의 어록이 티베트어로 번역되어 소개되었다. 둔황에서 발견된 문헌 중의 펠리오Pelliot 116-8에는 「18인의 선사禪師의 어록」이 있는데, 이 가운데 무상선사의 어록이 인용되어 있다.

김선사의 어록에서 인용한다. '마음이 평등하면 일체법一切法이 평등하다. 진성眞性을 깨닫는다면 불법佛法이 아닌 것이 없다. 이리를 깨달을 때는 또 탐착심은 생기지 않는다. 참된 행경行境을 잃는 것이 없을 때에는 구할 것도 없다. 왜냐하면 반야바라밀의 여성如性은 본래평등하고 무경無境이기 때문이다.'[9]

김선사의 어록에서 인용한다. '도를 닦는 사람이 일체의 견분별見 分別을 떠난다면…… 일각인一覺人이라고 한다. 이와 같이 깨달 음을 가질 때에는 일체의 습기와 번뇌가 생기지 않는다. 이것이 해탈도解脫道이다.'[10]

---

[9] mkhan po kim hun śen śiḥi bsam brtan gyi mdo las ḥbyuṅ ba// sems mñam na chos thams cad mñam mo// yaṅ dag pa ñid rig na saṅs rgyas kyi chos ma yin ba myed do//don go baḥi dus na yaṅ sred ciṅ chags paḥi sems myi bskyed// yaṅ dag paḥi spyod yul ñams su myi ldan baḥi tshe na yaṅ myi ḥtshal// jiḥi phyir shes bya na// śes rab kyi tha rol du phyin paḥi de bshin ñid ni// ye nas mñam bas dmyigsu myed paḥi phyir ro// (小畠宏允,「チベットの禪宗と歷代法寶記」p.154에서 재인용)

[10] mkhan po kim huḥi bsam brtan gyi mdo las ḥbyuṅ ba// lam sgom baḥi myis// lta baḥi rtog pa thams cad daṅ bral na//……do ni tshor ba gcig po shes bya ste// de ltar tshor ba de daṅ ldam paḥi tshe// bag chags kyi ñon moṅs pa thams cad myi skyeḥo// de ni gral thar paḥi lam yin no// (小畠宏允,「チベットの禪宗と歷代法寶記」p.154에서 재인용)

이와 같이 티베트불교는 초창기에 중국의 정중종이 전래되어 있었는데, 한편으로 인도불교도 동시에 받아들였다. 그래서 중국불교와 인도불교가 서로 경쟁·대립하고 있다가, 795년 삼예사(bsam yas寺)에서 발생한 〈라사Lhasa의 종론宗論〉에서 돈문頓門을 주장하는 중국북종의 마하연摩訶衍이 점문漸門을 주장하는 인도의 카말라실라(蓮華戒)와의 논쟁에서 패함으로서 인도불교가 주도권을 쥐게 된다.

그런데 실제로 티베트에 전해진 중국선종은 무주無住의 보당종保唐宗이었다고 생각된다. 보당종의 등사인 『역대법보기』에 의하면, 5조 홍인에 전해진 달마의 가사는 측천무후가 이를 잠시 보관한 후 자주지선(資州智詵, 609~702)에 전해졌다고 한다. 이것은 남종의 혜능이 6조가 아니라 보당종의 자주지선이 바로 6조이며 이의 후손인 무주가 정통임을 주장하는 것이다. 또 자주지선資州智詵 → 처적處寂 → 무상無相 → 무주無住의 법계를 내세우고 있는데, 사실상 무상과 무주는 사제師弟관계가 없음에도 불구하고 이러한 법계를 주장하는 것은 보당종의 정통성 확보를 위해서 당시 사천지방에서 세력이 컸던 무상과의 연결이 필요했기 때문이라 생각된다.

3. 구산선문

1) 구산선문의 성립

한국에 있어서 선종 종파가 성립된 것은 대략 9세기 초~10세기 초, 즉 통일신라 말에서 고려 초에 성립된 구산선문九山禪門[11]이 최초이다. 중국에서는 그때 이미 오가五家가 성립되어 있었다. 그 영향을 받아서 신라에서도 중국에 유학하여 중국의 선사에게서 사법하고 귀국한 뒤 구산선문의 개조가 된 사람이 많았다. 구산선문은 9세기 초~10세기 중기에 걸쳐서 차례로 성립되는데, 11세기 초에는 '달마구산문達磨九山門', '구산선려九山禪侶' 등의 말이 등장하고, 고려 후기에 작성된 『선문조사예참문禪門祖師禮懺文』에는 다음과 같이 구산선문의 내용이 명시된다.

　① 가지산조사 도의국사迦智山祖師 道義國師

---

[11] 구산선문의 성립 과정과 계보를 밝히는 작업은 쉽지 않다. 왜냐하면 구산선문에 대해 서술하고 있는 고대문헌은 존재하지 않고, 겨우 선사들의 비문 속에서 단편적으로 추적할 수 있을 뿐이기 때문이다. 따라서 『조선금석총람』, 『해동금석원』, 『역대고승비문』 등을 통해서 연구할 수밖에 없다.

② 사굴산조사 범일국사闍崛山祖師 梵日國師
③ 사자산조사 철감국사師子山祖師 哲鑑國師
④ 성주산조사 무렴국사聖住山祖師 無染國師
⑤ 봉림산조사 현욱국사鳳林山祖師 玄昱國師
⑥ 희양산조사 도헌국사曦陽山祖師 道憲國師
⑦ 동리산조사 혜철국사桐裏山祖師 慧徹國師
⑧ 실상산조사 홍척국사實相山祖師 洪陟國師
⑨ 수미산조사 이엄국사須彌山祖師 利儼國師
⑩ 중흥조 보조지눌국사中興祖 普照智訥國師

구산선문 각각의 성립 과정을 서술하면 다음과 같다.

① 가지산문迦智山門 보림사寶林寺: 전남 장흥, 도의

『조당집祖堂集』 권17 「설악진전사원적선사조雪岳陳田寺元寂禪師條」에 의하면, 도의(道義, 생몰년 미상)는 784년에 입당하여 서당지장(西堂智藏, 735~814)에게서 심인心印을 얻고, 백장회해(百丈懷海, 749~814)를 뵙고 821년에 귀국한 후 설악산을 중심으로 활동하였다고 한다. 최초로 남종선을 전래하였다. 그 후 손제자인 체징體澄은 837년(僖康王 2)에 당에 유학하여 제방의 선지식들을 참문하고 귀국하여 857년(憲安王 3)에 전남 장흥 가지산 보림사에서 선문을 개창하였다. 따라서 가지산문은 도의를 개산조開山祖로, 체징을

구산선문 분포도

개창조開倉祖로 볼 수 있다.[12] 법계는 도의道義 → 염거(廉居, ?~844) → 체징(體澄, 804~880) → 형미(逈微, 864~917)로 이어진다.

② 실상산문實相山門 실상사實相寺: 전북 남원, 홍척

홍척(洪陟, 생몰년 미상)은 입당入唐해서 서당지장西堂智藏에게서

---

[12] 산문을 최초로 연 사람을 개산조, 사찰을 최초로 연 사람은 개창조로 정의할 수 있다.

사법하였고, 826~836년에 귀국 후 지리산을 중심으로 활동하였다. 홍척에 대한 전기는 알 수 없으나『조당집』권17에 "동국東國 실상화상實相和尙은 서당의 법을 이었고, 휘는 홍직洪直 시호는 증각대사證覺大師, 탑호塔號는 응적凝寂이라고 하였다"라고 기록되어 있는 점으로 볼 때 원래 그의 비문이 있었다고 생각된다. 신라 제 42대 왕인 홍덕왕(興德王, 826~836 재위)과 선강태자宣康太子 등 왕실의 귀의를 받았다. 법계는 홍척洪陟 → 수철(秀澈, 817~893)로 이어진다.

③ 동리산문桐裏山門 태안사泰安寺: 전남 곡성, 혜철

혜철(慧徹, 785~861)에 대한 기본자료는 최하崔賀의「무주동리산대안사적인선사비武州桐裏山大安寺寂忍禪師碑」(872년 작)가 전하고 있으며,『조당집』권17은 이 비문에 근거하여 "등국東國의 동리화상桐裏和尙은 서당의 법을 이었으며 휘는 혜철慧徹이요 시호는 적인선사寂忍禪師이며, 탑호塔號는 조륜청정照輪淸淨이다"라고만 기록하고 있다.

비문에 의하면 혜철의 자는 체공體空, 속성은 박씨, 경주인이다. 15세에 출가하여 부석사浮石寺에서 화엄교학을 배우고 22살에 구족계를 받았으며, 814년(憲德王 6) 8월에 입당하여 서당지장의 법을 이었다. 839년에 귀국하여 문성왕(文聖王, 839~857 재위)의 귀의를 받았다. 법계는 혜철慧徹 → 도선(道詵, 827~898)·여선사如禪師 → 윤다(允多, 864~945)로 이어진다.

④ 봉림산문鳳林山門 봉림사鳳林寺: 경남 창원, 현욱

현욱(玄昱, 787~868)의 약전略傳은 『조당집』 권17 「동국혜목산화상조東國慧目山和尙條」에 수록되어 있으며, 『경덕전등록』 권9에는 장경회휘(章敬懷暉, 756~815)의 제자라고 기록되어 있을 뿐이다. 『조당집』에 의하면 현욱의 성은 김씨이며 동명관족東溟冠族으로, 병부시랑兵部侍郞 김염균金廉均의 아들로 출생했다. 장년에 출가하여 808년(哀莊王 9) 21살에 구족계를 받고, 824년(憲德王 16)에 입당하여 장경의 법을 얻은 뒤, 837년(僖康王 2) 9월 12일에 왕자 김의종金義琮이 전하는 왕명에 따라 본국으로 돌아왔다.

840년(文聖王 2)에 혜목산(慧目山, 경기도 여주)에 토굴을 지었으나 경문왕景文王은 고달사高達寺에 주석하게 하고 향과 옷 등을 수시로 공양했다. 868년(경문왕 8) 가을에 문인들에게 유언을 남기고 82세로 입적했다. 그의 제자 심희(審希, 855~923)가 경상남도 창원의 봉림산鳳林山에 봉림사鳳林寺를 개창하여 스승 현욱의 선풍을 드날렸다. 따라서 봉림사 산문은 현욱이 개산조가 되고 심희가 개창조가 된다. 법계는 현욱玄昱 → 심희(審希, 855~923) → 찬유(璨幽, 869~958)·홍준(洪俊, 882~939)으로 이어지는데, 손제자인 찬유는 892년에 입당하여 투자대동(投子大同, 819~914)의 법을 이었다.

⑤ 사자산문獅子山門 흥녕사興寧寺: 강원도 영월, 도윤

도윤(道允, 798~868)에 대해서는 『조당집』 권17에 약전略傳을 싣고 있다. 그의 속성은 박씨이며, 한주漢州 휴암현(鵂嵒縣, 오늘날의 黃海道 鳳山) 사람으로 지방호족 가문에서 태어났다. 18살에 출가하여 귀신사鬼神寺에서 화엄을 배웠지만 '원돈圓頓의 가르침이 어찌 심인心印의 묘용만 하겠는가?' 하고 선법을 수학하게 되었다고 한다. 825년(憲德王 17) 사신들을 따라 당나라에 들어가 남전보원(南泉普願, 748~834)을 찾아 제자의 예를 드리니 첫눈에 법기法器임을 알고 "오종吾宗의 법인이 동국으로 돌아가는구나!"라고 찬탄했다고 한다. 849년(문성왕 9) 4월에 다시 신라에 돌아와 풍악楓岳에 선법을 펴니 학인이 운집하였다. 이때 경문왕景文王이 소식을 듣고 귀의하였다. 법계는 도윤道允 → 절중(折中, 826~900)·경유(慶猷, 871~921)로 이어진다.

　절중은 882년(憲康王 8)에 강원도 영월 사자산獅子山 흥영사興寧寺에 선문을 개창하여 도윤의 선풍을 날리니, 도윤은 개산조가 되고 절중이 사자산문의 개창자가 된다. 손제자인 경유慶猷는 입당하여 조동종의 운거도응(雲居道膺, ?~902)의 법을 받았다. 도응은 경유에게 법을 전하면서 "나의 도가 동쪽으로 흐르니 경유가 그 사람이다"라고 말했다고 한다. 908년(孝恭王 12)에 귀국하니 고려 태조가 왕사로 모셨다. 「오룡사법경대사보조혜광탑비」(五龍寺法鏡大師普照慧光塔碑, 944년 작)가 있다.

⑥ 사굴산문闍崛山門 굴산사崛山寺: 강원도 강릉, 범일

범일(梵日, 810~889)에 대한 자료는 『조당집』 권17의 「명주굴산고통효대사전溟州堀山故通曉大師傳」과 『삼국유사』 권3 「낙산이대성관음조洛山二大聖觀音條」에 약전이 전하고 있는데, 모두 범일의 비문에 의거한 것이라고 할 수 있다.

범일은 810년(憲德王 2) 정월 10일 구림관족鳩林冠族의 김씨 가문에서 출생했다. 조부인 술원述元은 명주도독溟州都督을 역임하였다. 15살에 출가하고 836년(興德王 11)에 왕자인 김의종金義琮과 함께 당나라에 들어가 염관제안(鹽官齊安, ?~842)의 법을 받았다. 847년(文聖王 9)에 귀국하여 강원도 명주의 사굴산闍崛山 굴산사崛山寺에서 851년(文聖王 13)에 선문을 개창하였다. 원래 사굴산은 기사굴耆闍崛·굴산崛山이라고도 하는데, 범어 Grdhra-Kuta의 음역으로 영취산靈鷲山의 의미이다. 889년(眞聖王 3) 5월 1일 80세에 굴산사에서 입적하니 승랍 60세였다. 시호는 통효대사通曉大師, 탑호를 연휘지탑延徽之塔이라고 하였다. 법계는 범일梵日 → 행적(行寂, 832~916)·개청(開淸, 854~930)으로 이어진다.

문하에 십성제자十聖弟子가 있었다고 하는데 잘 알 수 없고, 행적行寂·개청開淸이 선문을 빛내어 구산선문으로 계승되었다. 특히 행적은 870년(景文王 10) 사신인 김긴영金緊榮과 함께 입당하여 당唐 의종(毅宗, 859~873 재위)을 뵙고 오대산 화엄사에서 문수보살의 감응을 얻었다. 그리고 사천성에 있는 정중무상淨衆無相선사의 영당影堂에 참배한 뒤 형악衡岳의 여러 선지식을 참문한 뒤 석상경제 (石霜慶諸, 807~888)의 문하에서 조사심인을 얻었다. 그 뒤 조계의 육조탑六祖塔을 참배한 후 885년(憲康王 11)에 귀국하였다. 889년 (眞聖王 3) 4월 굴산崛山으로 가서 범일선사의 병을 간호하고 선사의 입적을 지켰다.

⑦ 성주산문聖住山門 성주사聖住寺: 충남 보령, 무렴

무렴(無染, 800~888)에 대해서는 최치원의 「남보성주사낭혜화상 백월보광탑비」(藍甫聖住寺朗慧和尙白月葆光塔碑, 890년 작)가 전하고 있으며, 이것에 의거하여 『조당집』권17에도 「숭엄산성주사고 양조국사嵩嚴山聖住寺故兩朝國師」의 약전을 수록하고 있다. 무렴의 속성은 김씨, 경주인으로 무열왕(武烈王, 654~661 재위)의 8대 법손이며, 12살 때 설악산 오색석사五色石寺에서 출가하고 법성선사法性禪師에게 『능가경』을 배우고 부석사의 석징대덕釋澄大德으로부터 화엄교학을 익혔다.

821년(憲德王 13) 사신인 왕자 김흔金昕과 함께 입당하여 마곡보철(麻谷寶徹, 생몰연대 미상)의 법을 얻었고, 845년(文聖王 7)에 귀국하여 동왕 9년(847)에 충청도 보령군 성주산에서 선문을 개창하였다. 당시의 성주산 선문은 구산선문 중 가장 번창하였는데, 최치원이 무렴의 비문에 "동국東國의 사류士類, 대사大師의 선문禪門을 모른다면 일생의 수치가 된다", "문도가 이천二千이나 되었다"라고 하고 있는 데서 성주산문의 성대함을 알 수 있다.

무염은 귀국 후 문성왕文聖王을 비롯하여 헌안왕憲安王·경문왕景文王·헌강왕憲康王·정강왕定康王 등 역대 왕의 청으로 자문에 응하기도 하였는데, 헌강왕은 그에게 광종廣宗이라는 법호를 내렸다. 888년(眞聖王 원년) 11월 27일 문인들에게 유훈을 마치고 89세에 입적하니 왕은 대낭혜화상大朗慧和尙으로 시호하고, 탑호를 백월보광白月葆光으로 이름하였다. 법계는 무염無染→심광深光→여엄(麗嚴, 862~930)·현휘(玄暉, 879~941)·대통원랑(大通圓朗, 816~883) 등으로 이어진다.

대통원랑은 김영金穎이 지은 「충주월광사원랑선사탑비」(忠州月光寺圓朗禪師塔碑, 890년 작)에 의하면, 856년(文聖王 18)에 입당하여 앙산혜적(仰山慧寂, 803~887)의 심인을 얻고 귀국하였다고 한다. 따라서 그는 신라에 처음으로 위앙종의 선법을 전래한 사람이다. 또 여엄麗嚴은 최언위崔彦撝의 「보리사대경대사현기지탑비」(菩提寺大鏡大師玄機之塔碑, 939년 작)에 의하면, 당나라에 들어가 조동종 운거도응雲居道膺의 법을 받아 909년(孝恭王 12) 7월에 귀국했다고 한다.

⑧ 희양산문曦陽山門 봉암사鳳巖寺: 경북 문경, 도헌

도헌(道憲, 824~882)의 속성은 김씨로, 경주 사람이다. 처음에 화엄종의 범체梵體에게 득도하였고, 혜은慧隱에게서 선지를 배웠다. 계람산鷄藍山 수석사水石寺에 머물다가 후에 심충沈忠이 희양산曦陽山 봉암용곡鳳巖龍谷을 희사하자 봉암사鳳巖寺를 짓고 산문을 개창하였다. 최치원이 지은 「지증대사적조탑비」(智證大師寂照塔碑, 893년 작)가 있다. 구산선문 중 유일하게 유학하지 않고 산문을 개창하였다. 법계는 도헌道憲 → 양부(楊孚, ?~906) → 긍양(兢讓, 876~956)으로 이어진다.

도헌이 개창한 희양산문은 전란 등으로 인해 폐허가 되었다가 긍양兢讓에 이르러 부흥된다. 긍양에 대해서는 이몽유李夢游의 「봉암사정진대사원오탑비」(鳳巖寺靜眞大師圓悟塔碑, 965년 작)에 자세한 전기가 있다. 속성은 왕씨며, 공주公州 사람으로 어려서 본주本州의 여해선사如解禪師에게 출가하고 897년(孝恭王 원년)에 계룡산鷄龍山 보현정사普賢精舍에서 구족계를 받았다. 이후 제방을 편참하다가 서혈원西穴院의 양부楊孚선사를 참문하여 계오하고 선지를 얻었다. 899년(孝恭王 3)에 입당하여 석상경제(石霜慶諸, 807~888)의 법을 이은 곡산도연(谷山道緣, 생몰년미상)을 참문하여 심인을 얻고 924년(景哀王 원년) 7월에 귀국했다. 956년(光宗 7) 8월 19일 77세로 입적하니, 왕은 정진대사靜眞大師라는 시호를 내리고 탑호를 원오圓悟라고 하였다.

⑨ 수미산문須彌山門 광조사廣照寺: 황해도 해주, 이엄

최언위崔彦撝가 찬술한 「광조사진철대사보월승공탑비」(廣照寺眞

徹大師寶月乘空塔碑, 937년 작)에 의하면, 이엄(利嚴, 866~932)의 속성은 김씨이고, 웅천熊川 사람으로 12세 때 출가하고 가야갑사迦耶岬寺의 도견율사道堅律師로부터 구족계를 받았다. 896년(眞聖王 10)에 입당하여 운거도응雲居道膺에게 6년 동안 참학한 뒤 도응의 심인을 받았다. 그 후 제산諸山의 선지식을 방문한 뒤 911년(孝恭王 15) 46세에 귀국했다.

920년(太祖 3) 2월 고려 태조는 시중을 특별히 보내어 성중의 사나선원舍那禪院으로 모시고 주지할 것을 간청했으며, 15년(932) 해주(海州, 오늘날의 開城)에 수미산須彌山 광조사廣照寺를 세우고 주지로 청하여 수미산 선문을 개창하게 되었다. 936년(태조 19) 8월 17일 67세에 입적하니, 태조는 진철대사眞徹大師라고 시호하고 탑호를 보월승공지탑寶月乘空之塔이라 하였다. 제자에 처광處光·도인道忍·정비貞朏·경숭慶崇·현조玄照 등의 이름이 보이지만 전기는 알 수가 없다.

이상 구산선문 각각의 성립 과정에 대해 서술하였지만, 구산선문이 전부 성립한 것은 10세기 중엽(고려 초기)이고, 구산선문이 '조계종曹溪宗'으로 불리게 되는 것은 12세기 초부터이다.

구산선문의 특징을 살펴보면 다음과 같다.

① 희양산曦陽山 조사 도헌道憲 이외는 모두 입당해서 중국승에게서 사법하고 있고, 9인 중에서 수미산須彌山 조사 이엄利儼만이

조동종의 법을 전수받고, 나머지 8인은 모두 홍주종의 승에게 사법하고 있다. 당시의 중국 선종계에서는 홍주종이 중심세력이었던 것을 생각하면 자연스런 현상이라고 할 수 있을 것이다.

②9인의 대부분이 선을 배우기 전에 화엄을 수학하고 있고, 귀국하고 나서는 화엄종과 대결의 자세를 보인 사람들이 많다. 이것은 당시의 신라에 화엄세력이 컸다는 사실을 증명하는 것이기도 하다.

③구산선문은 중앙의 왕실뿐만 아니라 지방호족이나 왕실의 방계에서도 많은 지원을 받았다. 종래에 구산선군이 '중앙의 왕실과 대립한 지방호족과 방계傍系의 김씨들의 지원을 받아서 형성되었고, 그들의 사상을 대변하였다'고 하는 연구에는 문제가 있다. 실제로 구산선문의 개조들은 중앙왕실로부터 융숭한 대접을 받았고 자문에 응하기도 하였다.

2) 구산선문 개념의 문제점

구산선문의 정체와 성립 과정 등에 관해서는 여전히 많은 미해결점이 남아 있고, 이에 대한 의견도 분분하다.

①우선 구산선문설의 근거가 되는 『선문예참문禪門禮懺文』은 빨라도 고려 후기에 간행되었다고 생각되기 때문이다. 『선문예참문』의 현존하는 최초의 간본은 1660년 조선시대간본으로, 저자미

상으로 되어 있다. 그러나 ㉠수선사 6세인 충지(沖止, 1226~1293)가 쓴 『조사예참의문겸발원문祖師禮懺儀文兼發願文』과 명칭이 닮아 있고, ㉡중흥조로서 지눌智訥을 현창하고 있는 점에서 보면 지눌 이후의 수선사 계열의 인물이라고 추정되는 점에서 충지의 작이라는 설이 유력하다. 하지만 충지의 작이라고 해도 고려 후기의 것으로, 그 이전에 구산선문을 구체적으로 지적하고 있는 자료는 전혀 없다. 물론 그 이전에 달마구산문(達磨九山門, 1109年), 구산문학도(九山門學徒, 1179年), 구산선자(九山禪者, 1241年) 등 '구산'이라는 용어는 사용되고 있기 때문에, 구산이라는 개념 자체는 일찍부터 존재했던 듯하다.

②'구산선문이 신라 말~고려 초기의 한국선림의 상황을 대변하는 개념은 아니다'고 하는 것이다. 예를 들면, 순지(順之, 생몰년미상)는 859년에 입당하여 앙산혜적仰山慧寂에게서 사법하고, 귀국 후에 고려왕의 귀의를 받아 세력이 성대했음에도 불구하고 구산선문에는 들어가 있지 않다. 그런데『조당집』에는 구산선문의 개조 7인의 전기와 기연어구機緣語句가 수록되어 있는데, 그 내용은 비문에 근거한 짧은 문장에 지나지 않는다. 반면 구산선문의 개조도 아닌 순지에 대해서는 권20의 대부분을 차지할 정도로 상세히 기록하고 있다. 이러한 사실은 구산선문 이외에도 순지를 중심으로 한 중국 위앙종의 선풍을 잇는 집단이 고려에 존재했을 가능성이 있고, 그 세력은『조당집』의 고려증보에 관계하고 있을 가능성이 있다고

도 생각된다. 나아가 고려 초의 광종(光宗, 949~975 재위)시에 성행했던 법안종法眼宗 세력도 구산선문에 들어가 있지 않은 것으로 보면, 구산선문이 신라 말~고려 초기의 선림의 상황을 대변하는 개념인가에 대해서는 의문의 여지가 많다.[13]

---

[13] 일본 花園대학의 西口씨는 '구산선문의 九는 實數가 아니다. 九州·九域이 중국 전토를 가리키듯이, 九山은 고려 초기에 융성한 선문의 모두를 포함한다. 九를 實數로 생각하게 된 것은 근대에 들어서이다'고 주장하고 있다. 「『禪門寶藏錄』の硏究」 第2章 <本文硏究>(西口芳男, 花園大學國際禪學硏究所硏究報告7, 2000), p.770.

4. 요오순지

1) 생애

요오순지(了悟順之, 생몰연대 미상)의 속성은 박씨이고, 지금의 평안도 대동강 출신이다. 약관의 나이에 도를 향하는 마음이 무르익어서 부모님께 출가하기를 청하여 오관산五冠山으로 출가하였다. 속리산에 들어가서 구족계를 받은 뒤 858년(憲安王 2)에 중국에 들어가 앙산혜적(仰山慧寂, 803~887)의 문하에서 공부하였다. 그 후 신라에 돌아와 고려 태조의 할머니인 원창왕후元昌王后와 아버지인 위무대왕威武大王의 시주로 오관산五冠山 용엄사龍嚴寺를 창건하여 주석하다가 65세로 사망하였다. 주로 개성開城을 중심으로 활동하였으며, 중국의 위앙종을 전래하였다. 『조당집祖堂集』과 『종문원상집宗門圓相集』에 기록된 그의 사상을 보면, 원상圓相과 우牛·인人 등을 가지고 독특한 가르침을 전개하고 있음을 알 수 있다.

2) 선사상[14]

『종문원상집』에 기록된 순지의 선사상은 크게 삼편돈점실제三遍頓漸實際·사대팔상四對八相·양대사상兩對四相·사대오상四對五相 등으로 나눌 수 있다.

① 삼편돈점실제三遍頓漸實際: '진리를 증득하는 길'을 세 가지로 분류한 것으로, 돈증실제편頓證實際篇은 진리를 단박에 증득하는 길〔頓悟〕이고, 회점증실제편廻漸證實際篇은 점차의 가르침을 벗어나 실제를 증득하는 길이며, 점증실제편漸證實際篇은 실제를 점차로 증득하는 길〔漸悟〕이다.

② 사대팔상四對八相: '진리를 증득하는 과정'을 여러 관점에서 해설한 것으로, 앞은 원인이고 뒤는 결과를 나타낸다.

제1 ○ 소의열반상所依涅槃相 對 ⊕ 우식인초상牛食忍草相
제2 ♣ 삼승구공상三乘求空相 對 ⊕ 노지백우상露地白牛相
제3 ⊗ 계과수인상契果修因相 對 卍 인과원만상因果圓滿相
제4 卍 구공정행상求空精行相 對 ⊕ 점증실제상漸證實際相

---

14 순지의 선사상을 해석하는 데는 여러 관점이 있을 수 있으나, 본서에서는 이병욱, 「天台『法華玄義』10권에 나타난 敎判思想과 順之 禪사상의 공통점 연구」를 참고하였다.

제1의 소의열반상은 '모든 중생과 불佛이 똑같이 가지고 있는 불성佛性'을 원상으로 표현한 것이다. 그러나 중생은 번뇌에 덮혀 있으므로 수행하지 않으면 안 된다. 그것을 표현한 것이 우식인초상이다. '소가 풀을 먹으면 제호醍醐를 낳듯이 사람이 법을 이해하면 바른 깨달음을 얻는다'는 것을 나타낸 것이다.

제2의 삼승구공상은 삼승인三乘人이 공空을 구하는 모습이며, 노지백우상은 일승一乘을 깨달은 모습이라 할 수 있다. 즉 삼승인이 점차적인 수행을 통해서 일승을 획득하는 것을 나타낸 것이다. 제3의 계과수인상은 '과果에 계합하기 위해서 인因을 닦는 상'으로서 초발심初發心 시에 비록 정각正覺을 이루지만, 행行이 아직 원만하지 못하기 때문에 인因을 닦아야 함을 표현한 것이며, 인과원만상은 인因을 닦아서 행行이 원만해진 상태를 나타낸다. 제4의 구공정행상은 공空을 구해서 열심히 수행하는 모습이고, 점증실제상은 그 결과 점차로 진리를 증득하는 모습을 나타낸 것이다.

③ 양대사상兩對四相: 교종敎宗과 정토신앙淨土信仰에 대한 견해를 나타낸 것이다. 앞은 '현실의 문제점'을, 뒤는 '그것을 극복한 것'을 나타낸다.

제1 ☷ 상해유교상想解遺敎相 對 ⛉ 식본환원상識本還源相

제2 ❋ 미두인영상迷頭認影相 對 Ⓐ 배영인두상背影認頭相

먼저 제1의 상해유교상에 대해서 순지는 다음과 같이 말하고 있다.

이 상相은 생각과 이해로 (석가모니의) 가르침을 놓치는 것이다. 즉 어떤 사람이 석가모니가 설하신 일승의 가르침을 잘 탐구하고 잘 해설해서 잘못이 없다 하더라도, 자신의 불성을 깨닫지 못하면 완전히 타인이 설한 것에 의지할 뿐이다. 그러므로 이 상을 나타낸다.[15]

여기서 순지는 교학敎學을 부정하고 있는 것처럼 보인다. 그러나 순지는 교학을 전면부정한 것은 아니라, 상근기의 경우 경전을 공부해도 식심識心이 발동하지 않으므로 교학공부를 통해 깨달음에 들어갈 수 있지만, 하근기의 경우는 교학공부를 하면 사량심〔想〕과 추측〔解〕으로 이해하므로 깨달을 수가 없다고 한다. 뒤의 식본환원상은 이를 극복한 모습이다.

제2의 미두인영상과 배영인두상은 정토신앙을 비판한 것이다.

---

[15] 此相者, 想解遣教相. 謂若有人依佛所說一乘普法, 善能討尋, 善能解說, 實不錯謬. 而不了自己理智, 全依他人所說. 故表此相也.(『종문원상집』, 한불전 권6, 76a)

미두인영상에 대해서 순지는 다음과 같이 말한다.

> 이 모습은 머리를 그림자로 오해하는 모습이다. 무엇 때문인가? 만약 어떤 사람이 자기 속에 있는 부처와 정토를 알지 못하고, 타방의 불과 정토를 믿어서 일심으로 정토에 왕생하여, 불을 뵙고 법을 듣기를 구한다. 그러므로 열심히 선행을 닦고 불의 명호名號와 정토의 모습을 염念한다. 그러므로 이 상을 나타낸다.[16]

여기서 우리는 순지가 전통적인 선가의 유심정토唯心淨土사상을 지니고 있음을 알 수 있다. 그런데 순지는 단순한 유심정토가 아니라 진공眞空을 체득해야 자기 속의 불佛과 정토淨土를 알 수 있다고 주장한다.[17]

④사대오상四對五相: 사대오상은 '스승과 제자의 관계' 혹은 '스승과 제자 간에 행해지는 선문답의 모습'을 형상화한 것이다.

---

16 此相者, 迷頭認影相. 何以故. 若有人不了自己佛及淨土, 信知他方佛淨土, 一心專求, 往生淨土, 見佛聞法. 故勤修善行, 念佛名號及淨土名相. 故表此相也.(『종문원상집』, 한불전 권6, 76b)

17 問, 如何是自己佛及自己淨土. 答, 衆生若發眞智達得眞空, 則眞智是佛, 空是淨土. 若能如是體會, 何處更求他方淨土及佛也.(『종문원상집』, 한불전 권6, 76c)

제1 (　　거함색개상擧函索蓋相 對 ○
제2 ○　파옥멱계상把玉覓契相 對 ○
제3 ㊁　조입색속상釣入索續相 對 ㊝
제4 ㊝　이성보기상已成寶器相 對 ㊉ 현인지상玄印旨相

  먼저 제1의 거함색개상은 함과 뚜껑이 잘 맞듯이, 제자의 질문에 대해 스승이 정확하게 대답하는 것을 나타낸 것이다. 제2의 파옥멱계상은 스스로 옥〔진리〕을 지니고 있으면서도 밖으로 찾아다니는 제자에게, 자기 스스로 옥을 지니고 있음을 알게 하는 것을 나타낸다. 제3의 조입색속상은 스승이 낚싯대를 드리워서 후계자를 찾는 모습이며, 뒤의 ㊝은 이미 제자가 근기가 무르익어 잘 응대하는 모습이다. 제4의 이성보기상은 제자가 이미 큰 그릇이 된 것을 말하고, 뒤의 현인지상은 스승이 제자를 인가하는 모습이다.
  이상으로 순지의 선사상을 살펴보았다. 이를 통해서 보면, 구산선문의 대부분이 홍주종洪州宗 계통을 잇고 있지만 삼국~통일신라시대에는 북종〔法朗·智德·愼行〕과 위앙종〔大通·順之〕 등 다양한 선이 존재했음을 알 수 있다.

II장

구산선문의 전개와 종파의 융성

고려시대의 선을 3기로 나누면, 1기는 10세기 초~11세기, 2기는 12세기~13세기, 3기는 14세기~14세기 말로 나눌 수 있다.

제1기에는 우선 통일신라시대~고려 초에 걸쳐서 점차적으로 형성된 구산선문이 전부 갖추어졌다. 물론 중심은 홍주종洪州宗 계통이었으나 위앙종潙仰宗·조동종曹洞宗 등 다양한 성격을 가진 선이 존재했다고 생각된다. 10세기 중반~11세기에 이르면, 중국의 오월吳越지방에 유학하여 법안종法眼宗을 공부하고 돌아오는 승려들이 많아진다. 법안문익(法眼文益, 885~958)에 사사했던 혜거慧炬·영감靈鑑뿐만 아니라 영명연수(永明延壽, 904~975) 문하에는 36인의 고려승이 참구하고 있었다고 한다. 그 후 11세기 초가 되면 의천(義天, 1055~1101)이 송에 유학하여 귀국한 뒤 천태종天台宗을 개창(1097년)하게 된다. 그때 구산선문의 70퍼센트 이상이 천태종에 흡수됨으로서 큰 타격을 입게 된다. 이때부터 구산선문은 해체기에 들어가고, 12세기가 되면 조계종曹溪宗이라는 명칭이 등장한다.

한편 당시 중국에서는 오대십국五代十國의 시대가 끝나고 907년에 거란이 건국되고, 947년에는 요遼로 국호를 개칭하였다. 나아가 960년에는 북송北宋이 건국된다. 북송 초기의 고려는 북송과 우호관계를 맺고, 불교교류도 활발하게 행해졌다. 그러나 요의 계속되는 고려 침략으로 1022년에 요와 국교를 맺고, 북송과는 단교하기에 이른다. 이후 승려들도 송에의 유학이 불가능하게 되었으며, 1071년에 송과 국교가 재개될 때까지 불교교류가 쇠퇴하게 되었다.

1. 『선문보장록』

통일신라에서 고려 초에 형성된 구산선문에는 다양한 선의 흐름이 점차적으로 수입되었다. 첫 번째는 9세기 중엽에 구산선문의 초조가 되는 마조 계통의 홍주종이며, 두 번째는 같은 시기에 위앙종 앙산혜적의 법을 잇는 승려들로 순지順之가 대표적이다. 세 번째는 9세기 말~10세기 초에 조동종을 잇는 승려들로서, 봉림산문鳳林山門의 찬유(璨幽, 投子大同을 이음)·사자산문獅子山門의 경유(慶猷, 雲居道膺을 이음)·수미산문須彌山門의 이엄(利嚴, 雲居道膺을 이음) 등이 대표적이다. 네 번째는 10세기 중반의 법안종을 잇는 승려들로서, 혜거慧炬·영감靈鑑·지종智宗 등이 이에 해당된다.

1) 『선문보장록』의 구성

고려 초의 구산선문은 조동종의 선풍이 중심이었다고 생각되는데, 그 당시의 선을 잘 나타내 주는 문헌이 『선문보장록禪門寶藏錄』이다. 『선문보장록』은 1293년에 편찬된 것이므로 고려 중기 이후의 문헌이지만, 그 속에 인용된 어록과 경전이 그보다 이전에 간행된 것들이며, 수선사修禪社의 선교쌍수禪敎雙修와는 대비되는 교외별전敎外別傳을 주장한다는 점에서 고려 초의 선을 대변한다고 생각된다.

『선문보장록』의 편자는 서序에 의하면 '진정대선사천책眞靜大禪師天頙'으로 되어 있다. 그런데 진정대선사천책이 누구인가에 대해서는 ① 백련사白蓮社 제4세인 진정국사천책(眞靜國師天頙, 1206~?, 天台宗僧)설, ② 보감국사혼구(寶鑑國師混丘, 1251~1322, 曹溪宗迦智山門의 僧)설이 있지만 어느 것도 확정적인 것은 아니다. 현존하는 최고最古의 간본은 1531년(嘉靖 10) 지리산철굴개간본智異山鐵窟開刊本이다.

『선문보장록』의 내용은 중국과 한국의 선적 중에서 89칙의 기연機緣・어구語句를 뽑아서 실은 것으로, 권상卷上「선교대변문禪敎對辨門」(25칙), 권중卷中「제강귀복문諸講歸伏門」(25칙), 권하卷下「군신숭신문君臣崇信門」(39칙)으로 구성되어 있다. 「제강귀복문」은 교종의 좌주座主나 법사法師가 선사와의 논전에서 항복하여 선에 입문하는 것을 주 내용으로 한다. 특히 청량징관淸凉澄觀 등의 화엄승이 선승에 귀복하는 내용이 많아서, 화엄을 교학의 정점으로 해서 그것에 대항하는 의식을 드러내고 있다. 「군신숭신문」은 인도・중국・한국의 숭불의 왕과 거사들의 이야기이다. 사상에 있어서 중요한 것은 「선교대변문」이다.

2)『선문보장록』에 나타난 사상

(1) 철저한 교외별전

『선문보장록』의 사상을 한 마디로 말하면 철저한 교외별전이라고 할 수 있다. 즉 교敎에 대한 선禪의 우월을 주장하는데, 특히 교학의 정점인 화엄에 대한 선의 우월을 주장하고 있다. 이것은 구산선문의 개조들이 귀국 후 화엄을 비판한 것과 일치하고 있다.

『선문보장록』에서는 인도 전래의『좌선삼매경坐禪三昧經』・『달마다라선경達摩多羅禪經』등을 선의 소의경전所依經典으로 하는 것을 부정할 뿐만 아니라, 달마가 혜가에게 전했다고 하는『능가경』조차도 부정하고 있다. 제21칙에는 다음과 같이 기록되어 있다.

> 어떤 사람이 묻기를, "선경禪經은 소승의 경전인데 조사문祖師門의 도에 넣어서는 안 됩니다. 그러나『능가경』은 성종性宗의 법일 뿐만 아니라『능가경』은 달마가 전하고, 심지법문心地法門을 증명하기 위해 임종 시에 분부한 것이다'고 하는 주장도 있습니다. 타당합니까?" 대답하기를, "타당하지 않다. 그 경은 단지 비유를 사용한 경전이다.…… 단지 대혜大慧 등의 보살을 위해 불성의 뜻을 설하고, 이승인二乘人으로 하여금 소승을 버리고 대승으로 향하도록 했을 뿐이다. 근기에 맞는 여러 방편이 부족하므로 방등부方等部의 경전에 지나지 않는다. 어찌해서 조사문을

증명할 수 있겠는가?"[18]

여기서는 달마가 전한 『능가경』은 이승인二乘人으로 하여금 소승小乘을 버리고 대승大乘으로 향하도록 하기 위해 방편으로 설했을 따름이므로 선종의 소의경전은 될 수 없다고 주장한다. 달마가 혜가에 4권 『능가경』을 전했다는 것은 『속고승전續高僧傳』(645년경 성립) 권16 「혜가전慧可傳」에 최초로 보이는 것으로서, 그 이후 『능가경』은 선의 소의경전으로서 중시되었다. 그러나 달마가 4권 『능가경』을 혜가에게 전해준 것은 전법傳法의 때이지, 『선문보장록』처럼 임종 시라고 기록되어 있는 문헌은 현재 보이지 않는다.

『선문보장록』에 있어서의 교외별전에 대한 주장은 극단적으로 진귀조사설眞歸祖師說을 주장하게 한다. 진귀조사설은 석가모니가 깨달음을 얻은 후에 그것이 궁극적인 것이 아님을 알고 진귀조사를 방문하여 선법을 전해 받았다고 하는 것으로서, 다른 나라에는 없고 한국에만 있는 설이다. 진귀조사설이 최초로 나타나는 것이 『선문보장록』인데, 제24칙에 의하면 사굴산문의 개조인 범일(梵

---

18 或問, 禪經是小乘之經, 不當預祖門之道. 楞伽是性宗之法, 兼有說云, 是達摩帶來, 要證據心地法門, 此乃臨終分付. 可乎. 答, 此亦不可也. 此經是單喩經… 但與大惠等諸菩薩, 談佛性義, 意欲激發二乘之人, 令其捨小慕大耳. 備機不足, 故止可在方等部中. 又安可證據祖門耶. 「감소선사인고변금록鑑昭禪師引古辨今錄」(『선문보장록』, 한불전 권6, 471a)

日, 810~889)이 주장했다고 한다.

명주 사굴산의 범일국사는 신라 진성대왕眞性大王이 선과 교의 뜻을 묻는 것에 답해서 말해기를, "우리 본사 석가는 태어나서 법을 설하고 7보를 걸어서 말하기를 '내 홀로 존귀하다.' 그 후 성을 넘어 설산으로 가서 별에 의해 깨달음을 열었다. 그러나 그 법은 구극이 아님을 알고, 십 수개월을 유행한 끝에 진귀조사를 방문하여 처음으로 현극玄極의 종지를 전해 받았다. 그것이 교외별전이다"라고.[19]

또 『선문보장록』 제4칙에는 진귀조사설이 다음과 같이 설해지고 있다.

중국의 제2조 혜가가 달마에게 물었다. "지금 저에게 전해진 정법正法에 대해서는 묻지 않습니다만, 세존은 누구에게서 어떤 법을 전해 받은 것입니까? 상세히 설해 주시던 후대의 모범이 될 것입니다." 달마가 대답하기를, "나에게는 인도의 조사가

---

19 溟州崛山梵日國師答羅代眞聖大王宣問禪敎兩義云, 我本師釋迦, 出胎說法, 各行七步云, 唯我獨尊. 後踰城往雪山中, 因星悟道. 旣知是法未臻極, 遊行數十月, 尋訪祖師眞歸大師, 始傳得玄極之旨. 是乃敎外別傳也. 「해동칠대록海東七代錄」(『선문보장록』, 한불전 권6, 479b-c)

전한 한 권의 책이 있는데 지금 너에게 설해주겠다."(그 후) 읊어서 말하기를, "진귀조사가 설산의 총림방중叢林房中에서 세존을 기다리네. 임오세壬午歲에 조사의 인印을 전하니, 네가 심득한 것이 동시에 조사의 종지이네."[20]

그렇다면 진귀조사설을 최초로 제창한 사람은 누구일까? 24칙에서는 구산선문 중의 사굴산문의 개조인 범일(梵日, 810~889)이 최초로 제창했다고 한다. 그러나 이것은 사실이 아니다. 왜냐하면 제24칙에 나오는 '석가모니는 별에 의해 깨달음을 얻었다(因星悟道)'는 주장과 제4칙에서 '석가모니의 성도세成道歲는 임오세壬午歲이다'는 주장은 중국의 송대 이후에 생긴 것이기 때문이다. 따라서 진귀조사설은 고려시대에 처음 생긴 것이지만 이것을 범일에게 가탁한 것이라고 생각된다.

(2) 「현각선사교외수선장」

『선문보장록』에서 교외별전의 사상을 잘 나타내 주는 것은 「현각선사교외수선장玄覺禪師敎外豎禪章」이다. 현각玄覺선사는 지금까지

---

20 唐土第二祖惠可大師問達磨, 今付正法卽不問, 釋祖傳何人得何處. 慈悲曲說, 後來成規. 達磨曰, 我卽五天竺諸祖傳說有篇, 而今爲汝說示. 頌曰, 眞歸祖師在雪山, 叢木房中待釋迦. 傳持祖印壬午歲, 心得同時祖宗旨. 「달마밀록達磨密錄」(『선문보장록』, 한불전 권6, 470b)

별로 알려지지 않았던 인물로, 현각선사에 관한 자료로서는 「연곡사현각선사탑비鷰谷寺玄覺禪師塔碑」와 「해동호남지리산대화엄사사적海東湖南智理山大華嚴寺事蹟」에 실린 「지리산연곡사사적智理山鷰谷寺事蹟」의 짧은 기록밖에 없다.

우선 「연곡사현각선사탑비」는 잔편殘片으로 해독 불가능하므로, 현각선사에 대해서는 아무런 정보를 주지 못한다. 그러나 탑비가 세워진 연대가 978년이므로, 현각선사는 신라 말~고려 초(9세기 중엽~10세기 중엽)의 인물이라고 추정된다. 반면 「지리산연곡사사적」에서는 현각선사에 대한 추가정보를 얻을 수가 있다.

Ⓐ신라 말, 고려 초에 현각선사는 절을 중건하고 선과 교를 설하여 종풍을 크게 떨쳤다. 선사는 선과 교를 넓히고 인천人天의 일단을 제시했다. 지리산의 16대사와 선교에 대해서 문답한 것이 그것이다. (현각선사의) 제문에는 '삼가 생각건대, 진감국사혜소는 도를 중국에 구하여 신라인을 교화하였다. 현각국사는 선과 교를 넓히고 음양의 이치도 설했다.[21]

---

21 羅末麗初, 玄覺禪師重建佛宇, 談禪弄敎, 宗風大振. 禪師弘禪弘敎, 提撕人天之一端. 如禪敎問答智異山十六大師. 祭文云, 伏以眞鑑國師求道西華, 來化新羅. 玄覺國師弘禪弘敎, 兼理陰陽.(『불교학보』6집, 동국대학교불교문화연구원, 1969) p.207上.

Ⓑ 고려 원종재위시(1259~1274)에 종암진정대선사宗庵眞靜大禪師는 절을 수리하고 선풍을 드날렸다. 사는 충렬왕 때 내원당대선사가 되었다. 만년에『선문보장록』을 저술하여 선학자의 지침이 되었다.[22]

Ⓐ에서 '현각국사'로 불리는 것에서 보면, 현각선사는 당시에 명망이 높은 인물이었던 것이 틀림없다. 또 진감국사는 혜소(慧昭, 774~850)를 가리키는데, 그는 31세에 입당하여 마조도일의 제자인 창주신감滄洲神鑑에게서 사법한 후 귀국하여 지리산 옥천사玉泉寺에 거주한 인물이다. Ⓐ에는 혜소와 현각선사의 관계가 명확히 서술되어져 있지는 않지만, 모두 지리산에서 법을 떨쳤다는 점에서 보면 현각선사가 혜소의 후손일 가능성도 있다고 생각된다. Ⓑ에서는 고려의 원종元宗 재위시에『선문보장록』을 찬술한 진정대선사가 연곡사鷰谷寺의 주지였던 것을 알 수 있다. 따라서 위의 기록을 종합해보면, 진감국사혜소(774~850) → 현각선사(9세기 중반~10세기 중반) → 진정대선사천책(13세기 중반)으로 이어지는 문파가 지리산 연곡사를 중심으로 존재했던 것은 아닐까? 만약 진정대선사가 현각선사의 후손이라면『선문보장록』에『현각선사교외수선장』이 인용된 것은 자연스러운 것이다.

---

22 高麗元宗大王時, 宗庵眞靜大禪師重新堂宇, 闡揚禪風. 師忠烈王時, 爲內願堂大禪師. 晚年著禪門寶藏錄, 爲禪學者之指針.(위의 잡지) p.207上.

「현각선사교외수선장」은 화엄과 돈교頓教가 선과 어떻게 다른가를 묻는 질문자에 대해서 선의 우월을 주장하는 내용으로 되어 있는데, 우선 화엄에 대해서는 다음과 같이 말한다.

(어떤 사람이) 물었다. "만약 화엄의 입장에서 말한다면, 원래 깨달음의 주체는 인과因果에서 떠나 있으므로 선문의 심인心印과 어떻게 구별할 수 있습니까?" 현각선사가 답해서 말했다. "비슷한 듯하지만 사실은 전혀 다르다. 그것은 왜인가? 해인海印이라는 것은 인과처因果處에서 인과를 없앤 곳으로 돌아가는 것이다. 그러므로 인因이라는 시적始跡도 있고, 과果라는 종적終跡도 있다. 만약 깨달음의 순간을 논하면 인과는 없지만, 근본을 추구하면 인도 있고 과도 있는 것이다. 한편 선의 입장에서 보면, 원래 법계法界의 인이 없으므로 인을 없애는 것도 없고, 법계의 과가 없으므로 과를 없애는 것도 없다. 어째서 인과를 없앤 후에 인과가 없는 곳으로 돌아가겠는가?"[23]

즉 화엄은 인과처因果處에서 '인과가 없는 곳'에 이르므로, 결국

---

23 問, 若約海印, 自是證體離因離果, 與禪門正宗心印, 如何和會. 答, 相似而不相似. 何謂也. 所言海印者, 從因果處, 歸亡因果處. 有因始跡, 有果終跡. 若論當時, 雖無因果, 而推本則有因有果. 若約禪所以, 則本無法界之因, 更無亡因. 本無法界之果, 更無亡果. 豈可亡因果之後, 歸無因果處哉.(『선문보장록』, 한불전 권6, 472b)

인과처라는 인因이 있고 '인과가 없는 곳'이라는 과果가 있는 것이다. 따라서 결국 인과의 영역에서 벗어날 수가 없다. 실천의 영역에서 말하면, 수행이라는 인因에 의해 깨달음이라는 과果에 이르는 단계가 있는 것이다. 반면 선에서는 원래 '인과처'도 '인과가 없는 곳'도 없으므로, 증득되어야 할 깨달음도 없고 몰종적沒蹤跡이다. 그러므로 선이 화엄보다 뛰어난 것이다.

또 돈교頓敎에 대해서는 다음과 같이 기록되어 있다.

(어떤 사람이) 물었다. "돈교 중의 일체법은 심연상心緣相을 떠나고, 능념能念과 소념所念에서도 떠나 있다. 모든 법이 순일무잡하고 원래 공덕이 갖추어져 있으므로, 새롭게 능입能入하는 것도 없고 청정해탈이다. 어째서 선문과 다르겠는가?" 현각선사가 답하기를, "……만약 증득되는 진여를 논하면, 그것은 언상言相을 떠나고 텅 비어서 어떤 것도 다가갈 수 없기 때문이다. 만약 이러한 견해를 알지 못하면, 이 행은 완성할 수 없고 행이란 작용을 잊는 것이다. (돈교는) 그렇다면, 깨달음의 대상인 진여도, 깨달음의 주체인 지혜도 있고, 나서는 안 되는 망념도, 나야 할 정념正念도 있는 것이 된다. 열반에 순서와 단계가 없음에도 불구하고 신위信位에서 불지佛地에 이르는 단계가 있고, 불지가 즉 신위이다. (그러나) 선문을 논하면, 원래 일념一念도 없으므로 나서는 안 되는 망념도 없다. 원래 망념이 없는 이상 세워야

할 신위도 없다. 세워야 할 신위가 없는 이상 불지도 없다. 상념相念이 보이지 않으므로 떠나야 할 상相도 없다. 원래 명자名字가 없으므로 떠나야 할 명자도 없다. 그러므로 돈교와 다른 것이다.······ 예를 들면 『화엄소華嚴疏』에는 '원돈의 위에 하나의 종지가 있는데, 그것은 망전회지亡詮會旨의 종이다'고 한다. 어떤 사람이 묻기를, '어떤 전詮을 없애고, 어떤 종지를 깨닫는 것입니까?' 답해서 말하기를, '오교五敎의 전詮을 없애고, 오교의 종지를 깨닫는다'고 하고 있는데, 선종이 그것이다."[24]

이와 같이 현각선사는 화엄과 돈교보다 선이 우월함을 말하고 있는데, 그것은 「현각선사교외수선장」뿐만 아니라 『선문보장록』 전체에서 주장하는 것이다.

---

[24] 問, 頓敎中一切法, 離心緣相, 離能念所念. 一一法法, 純純無雜, 唯如如功德, 故無能入者, 抑亦淸淨解脫. 何故與禪門不同. 答··· 若論所證眞如, 離言離相, 泯絶無寄故. 若不洞明前解, 無以攝成此行, 行卽忘機行也. 然則有所證眞如, 有能證智體, 有所不生妄念, 有所生正念. 雖寂滅無次第階級, 而有從信至佛地, 佛地卽信位. 若論禪門, 本無一念, 不生何念. 念旣本無, 信位何立. 信位不立, 佛地何有. 相念不見, 離是何相. 名字本無, 離何名字. 故不同頓敎··· 如華嚴疏云, 圓頓之上, 別有一宗, 此亡詮會旨之宗. 或問, 亡何詮會何旨. 答, 亡五敎之詮, 會五敎之旨. 禪宗是也. 「현각선사 교외수선장玄覺禪師敎外豎禪章」(『선문보장록』, 한불전 권6, 472b-473a)

3) 일실(逸失)문헌의 존재

『선문보장록』의 특징 중의 하나는 89칙의 인용문의 출전을 기록하고 있는 점인데, 그 출전 중에서는 현존하지 않는 것이나 지금까지 이름조차 알려지지 않았던 전적이 많이 포함되어 있다. 그중 중국의 전적으로 생각되는 것은 『본생경本生經』, 『반야다라해저종영시현기般若多羅海底宗影示玄記』, 『달마밀록達磨密錄』, 『부법장전付法藏傳』, 『변종기弁宗記』, 『조문간정록祖門刊正錄』, 『순덕선사록順德禪師錄』, 『진정문화상송眞淨文和尙頌』, 『적음존자록寂音尊者錄』, 『연수선사록延壽禪師錄』, 『선림집禪林集』, 『위명제소문제경편魏明帝所問諸經篇』의 12전적이고, 한국의 전적으로 생각되는 것은 『해동칠대록海東七代錄』, 『현각선사교외수선장玄覺禪師敎外豎禪章』, 『감조선사인고변금록鑑昭禪師引古辨今錄』, 『해동무염국사무설토론海東無染國師無舌土論』, 『무염국사행장無染國師行狀』의 5전적이다.

  이 외에도 흥미를 끄는 것은 제18칙의 출전인 「규봉선원제전집서급본록圭峰禪源諸詮集序及本錄」으로서 종밀의 『선원제전집도서禪源諸詮集都序』와 그 본록인 『선원제전집』에 관한 것이다. 규봉종밀이 찬술한 『선원제전집도서』는 중국 당唐대의 선禪과 교敎를 대응시켜서 설명한 문헌으로서, 독립된 저서가 아니라 『선원제전집』 100권의 총서總序에 해당한다는 설이 있어 왔는데 『선원제전집』은 현존하지 않는다. 그런데 「규봉선원제전집서급본록」이라는 표현에서 생각하면, 천책이 본록인 『선원제전집』을 읽었다는 의미가 된다. 만약 천책의 말이 사실이라면 우리나라에 『선원제전집도서』의 본록인 『선원제전집』 100권이 존재할 가능성도 없지는 않을 것이다.[25]

---

[25] 이것을 최초로 지적한 것은 黑田亮의 「『禪門寶藏錄』引用書目」(『朝鮮舊書考』, 岩波書店, 1940)이다.

2. 법안종의 유입

1) 법안종의 유입 과정

10세기 중반에 들어가서는 법안종의 승려에게서 사법하고 돌아오는 승려들이 늘어났다. 우선 법안문익(法眼文益, 885~958)의 제자로서는 혜거慧炬와 영조靈照·영감靈鑑이 있다. 혜거(생몰연대 미상)는 943년 이후에 중국에 건너가 법안문익을 사사하고, 귀국하여 왕의 존숭을 받고 도봉산道峰山에서 교화를 펼쳤는데『경덕전등록』권25,『오등엄통五燈嚴統』권10에 전傳이 있다. 영조(870~947)는 설봉의존(雪峰義存, 822~908)에 참구하여 사법하였고 무주婺州의 제운산齊雲山 등에서 주석하였는데, 947년에는 오대五代의 충헌왕忠獻王 전씨錢氏가 용화사龍華寺를 세워서 영조를 주지에 임명하였다.[26] 또 천태덕소(天台德韶, 891~972)의 문인으로서 진관선사眞觀禪師 석초(釋超, 912~964)가 있다. 그는 중국에 유학하여 천태덕소의 제자인 용책효영龍冊曉榮을 사사했는데, 그의 사상에는 천태학

---

26 『祖堂集』卷11「齊雲和尙條」에는「龍華寺開堂上堂」이 실려 있다.

의 영향이 클 것으로 생각된다.[27]

한편 영명연수(永明延壽, 904~975)는 고려선에 큰 영향을 미쳤는데 많은 고려의 승려들이 그의 제자가 되었다. 이를 『경덕전등록』 「연수본전延壽本傳」에서는 다음과 같이 기록하고 있다.

> 도를 행하는 여가에 『법화경』 1만 3천 부를 외우고, 『종경록』 100권을 저술하고, 나아가서 시詩·게偈·부賦·영詠은 천만 언에 미쳤다. 그것들은 해외에도 전해져서, 고려 국왕이 사의 언교를 읽고 편지를 써서 사자를 파견하여 제자의 예를 갖추고, 금선가사와 자수정 몇 개와 금조관金澡罐 등을 바쳤다. 조 고려승 36인이 영명연수의 인가印記를 받고 귀국하여 각기 일방一方을 교화하였다.[28]

고려 국왕이란 광종(光宗, 950~975 재위)이라고 생각되는데, 고려 국왕이 읽었다는 '사師의 언교'란 『종경록』일 가능성도 있다. 영명연수에게 사사했다는 고려승 36인이 구체적으로 누구인가는 현재 알 수 없으며, 한꺼번에 36인이 참학했다는 의미는 아닐 것이

---

27 「高麗康州智谷寺眞觀禪師碑」, 『釋苑詞林』 권191.
28 行道餘力念法華經一萬三千部, 著宗鏡錄一百卷, 詩偈賦詠凡千萬言. 播于海外, 高麗國王覽師言教, 遣使齎書敘弟子之禮, 奉金線織成袈裟紫水精數珠金澡罐等. 彼國僧三十六人親承印記, 前後歸本國各化一方.(『경덕전등록』, 대정장 51, 422a)

다. 36인 중 이름을 알 수 있는 것은 원공국사圓空國師 지종(智宗, 930~1018)과 적연국사寂然國師 영준(英俊, 930~1014) 두 사람뿐이다.

우선 지종의 자는 신칙神則 또는 신명神明으로서 전주사람이며, 속성은 이씨다. 8세에 출가하여 광화사廣化寺의 경철景哲에게 참학하였다. 960년에 중국에 건너가서 영명연수에게 참학하고 심인을 받았다. 나아가 중국 천태종 국청사國淸寺의 정광淨光에게 참학하고, 찬녕贊寧의 청에 의해 전교원傳敎院에서 강경講經을 담당하였다. 귀국하여 현종(顯宗, 1009~1031 재위) 때 왕사에 임명되었으나, 세수 79세로 시적하였다. 원공국사圓空國師로 추증되었으며, 최충이 비명을 지었다.[29] 또 영준은 국내에서 혜거慧炬를 사사한 다음 영명연수에게 유학하였으며, 귀국 후 경상도 삼가현三嘉縣의 영암사靈巖寺에서 제자를 양성하면서 만년을 보내고 입적하였다.

한편 영명연수의 『종경록』은 고려 선종에 큰 영향을 미쳤다. 『종경록』은 961년에 편찬되었는데, 제종諸宗을 선종의 입장에서 융화시키고 특히 심心을 밝히는 데 주안점을 두고 있다. 『종경록』은 진각혜심眞覺慧諶에 특히 많은 영향을 주었는데, 『진각국사어록眞覺國師語錄』에는 총 36회에 걸쳐서 『종경록』이 인용되고 있을 정도이다. 영명연수에게 36인이나 되는 고려승의 제자들이 있었고 고려

---

29 「居頓寺圓空大師勝妙塔碑」, 『韓國金石總覽』 상, pp253~259

왕의 존숭을 받았다는 사실 등에서 미루어 보면, 고려선에 미친 연수의 영향, 특히 『종경록』의 영향을 재고할 필요가 있다. 『종경록』은 100권이나 되는 방대한 문헌으로서 그 속에는 300종 이상의 문헌들이 인용되어 있기 때문에 당시에 일종의 백과전서적 역할을 하였으리라 생각된다.

2) 고려 법안종의 성격

중국의 오월吳越지방에서 융성했던 법안종은 선의 오가五家 중 하나이면서도 선교일치禪敎一致적 경향이 강한 종파였다. 우선 개조인 법안문익法眼文益은 화엄사상에 조예가 깊었으며 천태덕소天台德韶는 천태교학과 선의 융합을 시도하였다. 또 영명연수는 정토사상과 선의 일치를 지향한 선승이었다.

10세기 중반 경의 고려선은 선교일치적 성향이 강한 법안종이 중심이었다. 인종(仁宗, 1122~1146 재위) 초에 고려에 사신으로 왔던 서긍徐兢이 쓴 『선화봉사고려도경宣和奉使高麗圖經』에 법안종풍으로서 당시의 고려선을 대표하였으니,[30] 12세기 초반에도 아직 법안종이 성행하고 있었음을 알 수 있다.

이와 같이 선종의 종파이면서도 교학적 경향이 강했던 당시의

---

30 浮圖之敎, 始出天竺. 遂傳四夷, 其法深盛. 高麗雖在海東, 聞自淸涼法眼一枝 東渡之後, 僧徒頗知性理.(『宣和奉使高麗圖經』 권18, 釋氏)

법안종 선풍은 천태종이 개창되는 데 큰 역할을 하였다. 천태종은 의천(義天, 1055~1101)에 의해서 1097년에 개창되었는데 「대각국사비음기大覺國師碑陰記」에는 성립의 상황을 다음과 같이 전하고 있다.

> 덕이 있는 이는 외롭지 않으며 반드시 이웃이 있게 마련이고, 구슬과 같은 인격은 지위가 없어도 스스로 쓰이게 마련이다. 거돈·신□·영암·고달·지곡의 오대사원에서 이름 있는 학승들이 왕명에 따라 회합하게 되었다. 그 외로도 의천의 문하에 곧바로 들어왔던 학승은 300여 명이었고, 앞의 오문학승은 무려 1,000명이나 되었다.[31]

이 기록에 의하면, 천태종 개창 당시의 승려들은 '의천에게 직접 나아간 승 300여명'과 '거돈사居頓寺·신□사·영암사靈巖寺·고달사高達寺·지곡사智谷寺의 승려 1,000명'으로 구성되었다고 한다. 그런데 거돈사는 법안종의 지종智宗이 만년을 보낸 원주原州 현계산賢溪山 거돈사居頓寺로서, 지종은 중국천태종의 정광淨光 등과 교류하면

---

31 德不孤而有隣, 珠無莅而自至. 故居頓神□靈巖高達智谷, 五法眷名公學徒, 因命會合. 其外直投大覺門下, 諸山名公學徒三百餘人, 與前五門學徒無慮一千人.(「僊鳳寺大覺國師碑」, 『교감역주역대고승비문』 고려편 3, 가산불교문화연구원, pp.186~187)

서 천태학에 조예가 깊은 인물이었다. 또 영암사는 법안종의 영준英俊이 활동하다가 입적한 사원이며, 지곡사는 법안종의 진관선사眞觀禪師 석초釋超가 9년간 종세를 펼친 곳이다.

여기에서 보면 천태종 개창에 직접 참여한 오대 사원 중 거돈사·영암사·지곡사는 법안종과 깊은 관련이 있는 사찰임에 틀림없다. 당시 고려선의 중심이었던 법안종 계통의 선풍이 똑같이 교학적 경향이 강했던 천태종의 개창에 일조를 했음을 알 수 있다.

3. 대각국사 의천

1) 의천의 천태종 개창

천태종은 원래 『법화경』을 소의경전으로 하지만 중국의 천태교학을 집대성한 천태지의(天台智顗, 538~597)에 이르러 선적 성격을 강화해 간다. 특히 『마하지관摩訶止觀』에서는 관심觀心을 중심으로 한 교관겸수敎觀兼修를 주장하는 등 좌선의 실수를 강하게 주장하였다. 대각국사 의천(大覺國師 義天, 1055~1101)은 1085년에 송에 들어가 여러 선지식을 찾아다니며 화엄·천태·율·정토·선 등의 여러 분야를 공부하는 한편, 귀국 후인 1097년에 천태종을 개창하였다.

그런데 앞서 「법안종의 유입」에서 서술했듯이, 의천이 개창한 천태종은 성립 당시 인적 구성이 구산선문의 선승 1,000여 명과 천태종에 직접 참여한 300여 명으로 이루어졌다는 사실에서 선종으로서의 성격을 현저히 가지고 있었다. 또 제도적으로도 12세기 이후에는 고려 불교교단이 오교양종五敎兩宗으로 나누어졌다고 말해지는데, 오교란 열반종·계율종·법성종·화엄종·법상종을 가리키고 양종은 천태종과 조계종을 지칭한다. 따라서 천태종은 조계종과 함께 선종으로 분류되고 있었음을 알 수 있다.[32]

의천이 개창한 천태종이 선종으로서의 특질을 지녔다는 사실은 의천의 사상에서도 엿볼 수 있다. 의천은 원래 화엄사상을 기반으로 하고 있는데, 그중에서도 중국 화엄종의 징관(澄觀, 738~839)과 종밀(宗密, 780~841)을 중시하였다. 그런데 징관은 화엄사상가이면서도 선을 대거 받아들인 인물이며, 종밀은 화엄종 승려임과 동시에 하택종荷澤宗의 선승으로서 교선일치敎禪一致를 주장한 것으로 유명하다. 의천은 특히 종밀의 『원각경소圓覺經疏』에서 교선일치의 원리를 찾아내는데, 의천은 다음과 같이 말하고 있다.

> 대저 법은 언상言相이 없으나 언상을 떠나는 것은 아니니, 언상을 떠나면 전도되어 미혹하고, 언상에 집착하면 진眞에 미혹한다. 다만 세상에는 재주를 온전히 한 사람이 적고, 사람이 미美를 갖추기가 어려우므로 교敎를 배우는 사람은 안을 버리고 바깥으로 구하게 하고, 선禪을 익히는 사람은 연緣을 잊어 안으로 밝히기를 좋아한다. 모두 치우친 집착이니 이변二邊이 막혀 있다. 그것

---

32 한국에 현존하는 천태종은 고려시대의 천태종과는 성격을 달리한다. 고려시대의 천태종이 天台智顗의 사상을 계승한 선종이라고 할 수 있는 반면, 현대의 천태종은 근대의 上月祖師를 계승하면서 수행방법으로는 염불을 주로 하는 종파이다.

은 마치 토끼뿔의 길고 짧음을 싸우고, 허공 꽃의 짙고 묽음을 다투는 것과 같다. 예컨대 저것과 이것에 공정한 마음으로 대하고, 옛과 지금에 홀로 걷고, 선정과 지혜가 둘 다 온전하고, 자自와 타他의 이로움을 겸하고, 공空을 관조하지만 만행萬行이 끓어오르고, 유有와 교섭하지만 일도一道는 고요하며, 말과 침묵에서 현묘함과 은미함을 잃지 않고, 움직임과 고요함에서 법계를 벗어나지 않는 사람은 오직 규봉조사 한 사람뿐인저!³³

여기서 '언상에 집착하는 사람'은 교종의 승려에 해당되고 '언상을 떠난 사람'은 선종 승려에 해당된다. 이 양자 중 어느 한편에 치우치면 바로 집착이 되니 이 둘을 회통해야 한다고 의천은 말하고 있는 것이다.

2) 의천의 남종선 비판

의천이 주장하는 교선일치教禪一致・교관겸수教觀兼修란 교학승에

---

33 夫法無言像, 非離言像. 離言像則倒惑, 執言像則迷眞. 但以世寡全才, 人難具美. 故使學教之者, 多棄內而外求, 習禪之人, 好忘緣而內炤. 並爲偏執, 俱滯二邊. 其猶爭兔角之短長, 鬪空花之濃淡. 若乃公心彼此, 獨步古今, 定慧兩全, 自他兼利, 觀空而萬行騰沸, 涉有而一道湛然, 語默不失玄徵, 動靜不離法界者, 唯我圭峯祖師一人而已.(『大覺國師文集』 권3, 「講圓覺經發辭」 第二, 한불전 권4, 531b~c)

대해서는 문자의 집착에서 벗어날 것을 강조하지간, 한편으로 의천은 당시의 선승들이 경전을 공부하지 않는 폐단을 비판하고 있다. 그래서 의천은 「간정성유식론단과서刊定成唯識論單科序」에서 "오늘날의 수행자들은 스스로 돈오했다고 해서, 권교權教와 소승小乘을 무시한다. 성상性相을 논함에 이르러서는 종종 남의 웃음을 사니, 모두 선과 교를 겸학하지 않는 잘못 때문이다"[34]고 비판하고 있으며, 선승들에게 『능가경楞伽經』과 『대승기신론大乘起信論』을 배울 것을 권하고 있다.

그런데 이러한 의천의 선 비판은 『육조단경六祖壇經』과 『보림전寶林傳』에 대한 태도에서도 엿볼 수 있다. 의천은 송의 계주戒珠가 쓴 『별전심법의別傳心法議』의 후서後序에서 다음과 같이 말하고 있다.

> 심하구나. 옛날의 선과 지금의 선이 명실名實이 다른 것이. 옛날의 선은 '교에 의지해서 선을 닦는 것〔藉教習禪〕'이었는데, 지금의 선은 '교를 떠나서 선을 설하는 것〔離教說禪〕'이다. 설선說禪이란 이름에 집착해서 실을 버리는 것이다. 반면 습선習禪이란 표현〔언어〕에 의지해서 뜻을 얻는 것이니, 금인의 잘못을 구하고 성인의 순수했던 도로 돌아가는 것이다. 계주의 논변이 대단히

---

[34] 近世學佛者, 自謂頓悟, 蔑視權小. 及談性相, 往往取笑於人者, 皆由不能兼學之過也.(『대각국사문집』권2, 한불전 권4, 529b~c)

훌륭하다. 근래 대요大遼황제께서 신하에게 명하고, 의학사문義
學沙門 전효詮曉 등으로 하여금 경록을 다시 편찬하게 하였는데,
이른바 『육조단경』, 『보림전』 등을 불태워서 잘못된 부분을
삭제하고 다시 편찬하였다. 그 과정이 『정원속록貞元續錄』 3권에
상세히 실려 있다.³⁵

『별전심법의』('心法을 따로 전한 것'에 대한 논의)는 1권의 짧은
글로서 주로 남종선南宗禪의 교외별전敎外別傳을 비판한 책이다.
의천은 계주의 주장에 동의하면서, 요의 황제가 요본대장경遼本大藏
經을 편찬할 때 『육조단경』과 『보림전』을 '허황되다'고 해서 빼버린
사건을 예로 들고 있다.

『육조단경』은 육조혜능의 설법을 문인들이 기록한 것으로서 남
종선의 기본경전이며, 『보림전』은 801년경에 편찬된 것으로 마조
도일(馬祖道一, 709~788)로 이어지는 남종선의 계보를 밝힌 책이
다. 의천이 유학했을 당시의 송은 선종이 중심세력이었으므로 『육
조단경』과 『보림전』이 광범위하게 읽혀지고 있었다. 이에 반해
요의 불교는 성격을 달리하여 교학불교가 성행하고 있었다. 당시

---

35 甚矣古禪之與今禪, 名實相遼也. 古之所謂禪者, 藉教習禪者也. 今之所謂禪
者, 離教說禪者也. 說禪者, 執其名而遺其實. 習禪者, 因其詮而得其旨. 救今人
矯詐之弊, 復古聖精醇之道. 珠公論辨, 斯其至焉. 近者大遼皇帝詔有詞, 令義
學沙門詮曉等, 再定經錄. 世所謂六祖壇經寶林傳等皆被焚, 除其偽妄, 條例則
重修. 貞元續錄三卷中載之詳矣.(『別傳心法議』, 만속장경 X57, 53b)

요에서는 남종선을 강하게 비판하였는데, 특히 교외별전과 서천이십팔조설西天二十八祖說이 비판의 대상이었다. 교외별전이란 '석가모니의 가르침을 모은 경經·율律·론論의 삼장三藏 이외에 석가모니께서 비밀리에 전하신 가르침이 존재하는데, 그것이 바로 선禪이다'고 하는 것이다. 선종에서 그 근거로 내세우는 것이 염화미소拈華微笑를 비롯한 소위 '삼처전심三處傳心'이다. 한편 서천28조설은 『보림전』에서 처음 나오는 것으로, 석가모니를 초조로 한 인도조사 28인의 계보를 서술한 것이다.

사실 교외별전과 서천28조설은 역사적 사실이 아니며, 선종의 입장에서 '교종에 대한 선의 우월'을 주장하고 '선의 역사적 정통성'을 강조하기 위해 창작된 것이다. 특히 『보림전』은 수많은 예언이 등장하는 등 역사적 사실이라기보다 문학작품이 가깝다. 따라서 교학승들의 입장에서 『육조단경』과 『보림전』을 '허황되다'고 주장하는 것은 근거가 있는 것이다. 더구나 왕자의 신분으로서 높은 학식을 지녔을 뿐만 아니라 합리적 사고방식을 가졌던 의천의 입장에서 볼 때 『육조단경』과 『보림전』은 비판받아 마땅했을 것이다.

의천이 이와 같이 남종선을 비판하게 된 것은 중국 유학이 계기가 되었겠지만, 동시에 당시의 고려에 『육조단경』과 『보림전』의 사상이 광범위하게 유포되어 있었음을 의미한다. 사실 우리나라는 통일신라 말부터 이미 혜능에 대한 신앙이 존재했는데, 구산선문의 개조인 범일(梵日, 810~889)·이엄(利嚴, 870~936)·혜철(惠哲, 785~861)

등이 소주韶州 조계산曹溪山의 혜능탑을 참배하고 있다. 혜능에 대한 신앙은 고려시대에 이르러 더욱 강해졌는데, 특히 『육조단경』은 고려시대에 가장 많이 간행된 선적禪籍 중의 하나이다.

한편 고려 중기에 오면 사상적으로도 교외별전에 대한 의식이 강해졌는데, 그 예가 『선문보장록』과 『조당집』의 간행이다. 『선문보장록』은 교외별전, 특히 화엄에 대한 선의 우월을 강하게 주장한 문헌으로서, 진귀조사설眞歸祖師說의 창작이 그것을 대변하고 있다. 나아가 1245년에는 『조당집』이 고려대장경의 보판으로서 간행되고 있는데, 『조당집』은 『보림전』을 이어서 서천28조설을 주장한 문헌이다.

결국 고려 불교교단은 10세기 중반까지는 교종이 우세하였지만, 후대로 내려올수록 중국의 영향 등으로 말미암아 선종의 교세가 강해지면서 교에 대한 선의 우월을 주장한 교외별전사상이 광범위하게 유포되었던 것으로 보인다. 이에 대해 의천이 비판을 가했던 것이다. 그러나 그러한 분위기는 지속되어 13세기에 들어와 진귀조사설을 주장한 『선문보장록』과 『조당집』이 간행되기에 이르렀다고 할 수 있을 것이다.

III 장

조계종의 성립과 전개

의천의 천태종 개창 등의 영향으로 점점 쇠퇴하기 시작한 구산선문은 12세기가 되면 조계종으로 재편된다. 실제로 12세기 초 이후에는 '조계업曹溪業'(종파), '조계종曹溪宗', '조계선曹溪選'(조계종의 考試) 등의 용어가 사용되기 시작한다. 이 당시의 선은 임제종이 주류였는데, 대표적인 사람으로는 혜조국사慧照國師 담진曇眞·이자현李資玄·묵암탄연默庵坦然·봉거학일逢渠學一 등이 있다. 이들은 중국에 유학하거나 간접적인 교류를 통해서 대륙의 불교문화를 적극적으로 받아들이고 있었다. 특히 11세기 이후 급격히 발전하게 된 목판인쇄술의 발달은 대장경을 비롯한 지식의 동아시아 확산에 큰 기여를 하였다. 13세기에 들어오면 중국에서 확립된 간화선이 전래되기 시작하는데, 그 효시는 보조지눌普照知訥이다. 지눌 이후 고려에서도 간화선이 선수행의 주도적 방법으로 확립되어 가는데 이를 정착시킨 것이 진각혜심眞覺慧諶이다. 그러나 한편으로 정각지겸靜覺志謙과 같은 이는 『종문원상집宗門圓相集』을 편찬함으로서 위앙종의 선풍이 아직 남아 있음을 느끼게 한다.

정치적으로는 한국 역사상 가장 혼란했던 시기로서 1136년에 여진족인 금金의 침략으로 송과는 다시 단교하게 되고, 국내적으로는 최씨 무신정권이 성립되어 100년간 지속되었다. 왕족과 중앙귀

족들이 화엄·유가 등의 교종사찰을 지원했음에 반해 무신정권은 선종사찰과 밀접한 관련이 있었다. 특히 최충헌崔忠獻은 아들인 최이崔怡를 지겸志謙에게 출가시키고 있고, 최이도 서자인 만종萬宗과 만전萬全을 혜심에게 출가시키는 등 무신정권과 선종교단은 깊은 관계를 가졌다.

1. 『능엄경』의 유행: 이자현의 선

1071년에 송과 국교가 재개되자 재빨리 송에 유학한 승려 중에는 혜조국사 담진(曇眞, 생몰연대 미상)[36]이 있다. 그는 구산선문 중의 사굴산문에 속하는 승려로서, 1076년에 송에 건너가 임제종 정인도진(淨因道臻, 1014~1093)의 법을 이었다. 그뿐만이 아니라, 그는 요본대장경 3부와 송불교계의 의궤儀軌와 배발排鉢 등을 전하여 총림회叢林會의 법식을 정하였다. 혜조국사의 문인으로서 유명한 사람은 거사 이자현(李資玄, 1061~1125)과 묵암탄연(默庵坦然, 1069~1158)이 있다.

우선 이자현은 호가 식암息庵 또는 희이자希夷子이며 청평거사淸平居士라고도 한다. 23세에 진사가 되고 29세에 대악서승大樂署丞에 올랐으나, 벼슬을 버리고 청평산淸平山 문수원文殊院에 은거하여

---

[36] 담진에 관한 연구논문으로는 「慧照國師 曇眞과 淨因臻: 北宋 禪風의 수용과 高麗中期 禪宗의 부흥을 중심으로」(정수아, (李基白先生古稀紀念) 韓國史學論叢 上, 1994); 「高麗 中期의 禪僧 慧照國師와 修禪社」(김상영, (李箕永博士古稀紀念論叢)佛敎와 歷史, 1991); 「고려중기 慧照國師의 對北宋 交流와 轉輪藏 도입」(이경미, 건축역사연구 16-6, 2007) 등이 있다.

선학에 전념하였다. 예종(睿宗, 1105~1122 재위)이 그의 선풍을 흠모하여 만나고자 함에 남경南京에서 배알하고 잠시 삼각산三角山 청량사淸凉寺에 머물면서 심요心要 1편을 지어 바쳤다. 저서로는 추화백약도시追和百藥道詩・남유시南遊詩・선기어록禪機語錄・포대송布袋頌이 있었다고 하나 모두 전하지 않는다.

이자현은 설봉의존(雪峰義存, 822~908)의 어록을 읽고 깨달음을 얻었는데, 그 사실이 「진락공중수청평산문수원기眞樂公重修淸平山文殊院記」에 기록되어 있다.

> 불법을 탐구하여 오로지 선적禪寂을 사랑함을 자칭하였다. 일찍이 『설봉어록』을 읽었는데 '천하대지가 하나의 눈이거늘 너는 어디에 웅크리고 앉아 있는가?' 하는 대목에 이르러, 언하에 대오하였다. 그때부터는 불조佛祖의 가르침에 막히는 것이 없었다.[37]

"천하대지가 하나의 눈이거늘 너는 어디에 웅크리고 앉아 있는가?"라는 구절은 『설봉의존선사어록』에 나오는 말이다. 그런데 이 어록은 1032년경에 간행되었으므로, 간행 후 얼마 지나지 않아

---

37 深究佛理, 而偏愛禪寂自稱. 嘗讀雪峯語錄云, 盡乾坤是箇眼, 汝向甚處蹲坐. 於此言下, 豁然自悟. 從此以後, 於佛祖言敎, 更無疑滯.(『朝鮮金石總覽』上, p.326)

고려에 전래되었음을 알 수 있다.

그런데 고려 중기 선의 특징 중 하나는 『능엄경』의 유행이라고 할 수 있다. 『능엄경』은 원래 8세기 초에 중국에서 성립된 위경僞經으로서, 일찍부터 선승들에게 많은 영향을 주었다. 예를 들어 현사사비(玄沙師備, 835~908)는 '열능엄경閱楞嚴經. 발명심지發明心地'라고 말해질 정도로 『능엄경』에서 큰 영향을 받았으며, 규봉종밀과 영명연수도 『능엄경』의 영향을 많이 받고 있다. 『능엄경』이 본격적으로 유행한 것은 송대 이후로서, 명대에 이르기까지 80종 이상의 주석서[38]가 간행되었을 뿐만 아니라 능엄주楞嚴呪를 독송하는 능엄회楞嚴會도 빈번히 행해졌다. 특히 『능엄경』과 『원각경』을 선계의 경전으로 인식하는 경향이 이미 존재하고 있었기 때문에 선승들 중에는 『능엄경』을 애독하는 사람이 많았다.

이러한 경향은 고려에도 전해져서 이자현은 『능엄경』을 대단히 중시하였다. 「청평산문수원기」에는 그것을 다음과 같이 전하고 있다.

---

[38] 송대에 있어서의 『首楞嚴經』의 주석서는 대체로 天台系, 華嚴系, 禪系의 3종류가 있다. 천태계의 주석서로서는 淨覺仁岳(992~1064)의 『熏聞記』, 竹庵可觀(1092~1182)의 『補註』 등이 있고, 화엄계의 주석서로서는 長水子璿(?~1038)의 『楞嚴經義疏注經』이 대표적이다. 그리고 선계의 주석서로서는 覺範慧洪(1071-1128)의 『尊頂法論』 10권 등이 있다.

이자현이 일찍이 문인에게 말하기를 '내가 대장경을 다 읽고 군서群書를 두루 보았지만,『수능엄경』이야말로 심종心宗에 부합하고 수행의 요긴한 길을 가르쳐 주는 것이었다. 그러나 선을 공부하는 사람 중에 그것을 읽는 사람이 없으니 한탄할 만한 일이다.' 마침내 제자들로 하여금『능엄경』을 공부하게 하니, 그것을 배우는 자들이 많아졌다.…… 1121년(宣和 3)에 이르러서는 상서尙書가 왕의 명령을 다시 받들어, 산으로 가서 특별히 능엄법회를 개최하니 제방의 수행자들이 모여들어 경청하였다.[39]

여기에서 이자현이 스스로『능엄경』을 자주 읽었을 뿐만 아니라 능엄법회도 개최하였음을 알 수 있다. 뿐만 아니라 그는 문수원文殊院의 당우堂宇명을『능엄경』에서 따와 문성聞性·견성見性 등으로 이름하기도 하였다.

고려 중기 이후에 이와 같이『능엄경』이 중시된 것은 의천이 귀국 시에『능엄경』의 주석서를 많이 가지고 들어와 간행한 사실에서 유래한다.『능엄경』주석서 중에서도 특히 계환戒環의『수능엄경요해首楞嚴經要解』가 많이 읽혔다고 한다.

---

[39] 嘗謂門人曰, 吾窮讀大藏, 徧覽群書, 而首楞嚴經, 乃符印心宗, 發明要路. 而禪學人未有讀之者, 良可嘆也. 遂令門弟閱習之, 而學者浸盛… 至宣和三年, 尙書再奉王命, 詣于山中, 特開楞嚴法會, 而諸方學者, 來集聽受.(『朝鮮金石總覽』上, p.326)

2. 묵암탄연·봉거학일

묵암탄연(默庵坦然, 1069~1158)의 속성은 손孫씨이다. 1085년(宣宗 2) 명경과明經科에 합격하고, 번저藩邸에 있던 숙종肅宗의 초청으로 세자인 예종睿宗을 가르치다가 1088년(宣宗 5) 궁중을 몰래 나와 출가하였다. 1105년(肅宗 10) 승과에 급제, 1106년 대사大師, 1109년 중대사重大師, 1115년 삼중대사三重大師, 1121년에 선사禪師에 올랐다.[40] 1132년(仁宗 10)에 대선사大禪師가 되어 나라의 큰일 때마다 왕의 자문에 응하였으며, 1146년(仁宗 24) 왕사王師가 되었다. 서예에도 뛰어나서 왕희지의 필체를 따랐고, 김생金生 다음가는 명필로 알려졌다고 한다.

탄연은 사굴산문의 승려로서 1139~1145년 사이에 북송의 임제종 승려인 육왕개심(育王介諶, 1080~1148)과 간접적인 교류를 하고 있다. 「단속사대감국사탑비斷俗寺大鑑國師塔碑」에는 다음과 같이 기록되어 있다.

---

40 고려시대의 法階는 다음과 같다.

大德 → 大師 → 重大師 → 三重大師 → 禪師 → 大禪師(禪宗)
  ↘ 首座 → 僧統(敎宗)

일찍이 지은 사위의송四威儀頌과 상당어구上堂語句를 배편으로 송나라의 사명四明 아육왕산阿育王山 광리사廣利寺에 보냈다. 개심은 그를 인가하고 답서를 보내어 극구 칭송하였는데, 4백여 언이나 되므로 그것을 여기에 실을 수는 없다. 또 도응道膺·응수膺壽·행밀行密·계환戒環·자앙慈仰 등이 있었는데 모두 당시의 대선지식이다. 그들과도 편지를 보내 교류하여 도우道友가 되었다.[41]

육왕개심은 임제의현의 8대손에 해당하는 임제종 황룡파黃龍派의 승려이므로, 「단속사대감국사탑비」에는 탄연을 임제의현의 9대손이라고 하고 있다. 『속전등록續傳燈錄』 권33 「육왕개심선사법사조育王介諶禪師法嗣條」에도 육왕개심과 탄연의 교류가 기록되어 있는데, 그곳에는 "해상海商 방경인方景仁이 개심의 설법을 기록하여 귀국하자, 탄연이 그것을 읽고 대오하였다. 그 후 사위의송과 어요를 방경인에게 부탁해서 개심에게 보이자 개심이 찬탄하여 사법하게 했다"[42]고 기록되어 있다.

여기에서 보면, 당시의 한중 간의 불교교류에는 해상을 통한

---

41 嘗寫所作四威儀頌, 併上堂語句, 附上舶, 寄大宋四明阿育王山廣利寺. 師介諶印可, 乃復書極力嘆美, 僅四百余言, 文繁不載. 又有道膺膺壽行密戒環慈仰, 時大禪伯也. 乃致書通好, 約爲道友.(『朝鮮金石總覽』上, p564)
42 대정장51, 699 b - c

교류가 성했던 것을 알 수 있다. 당시는 북방의 요遼 때문에 육로통행이 불가능했으므로 해상을 통해서 도송渡宋하는 수밖에 없었지만, 특히 상인을 통한 불교교류가 활발하였다. 예를 들면 의천은 해상을 통해서 진수정원晉水淨源과 편지나 불서佛書를 교환했는데, 때로는 중국의 해상海商이 무역의 일환으로서 대규모로 경판의 주조를 알선해서 고려에 수출하기도 하였다. 말하자면 이것은 불교문화재의 국외유출로 소식(蘇軾, 1036~1101)은「걸금상여과외국장乞禁商旅過外國狀」을 황제에게 바쳐 불서유출의 금지를 호소하기도 하였다.

다음으로는 구산선문 중 가지산문의 봉거학일(逢渠學一, 1052~1144)을 들지 않을 수 없다. 학일의 속성은 이李씨로서 전라도 보안(保安: 현재의 정읍) 출신이다. 11세 때 진장眞藏에게 출가하고, 13세에 구족계를 받았다. 1085년에 승과에 급제한 후 인종(仁宗, 1122~1146 재위) 때 왕사가 되었다. 운문사雲門寺에서 입적하였는데, 입적 후 국사로 추증되었다.

학일에 대해서는 각범혜홍(覺範慧洪, 1071~1128)의『선림승보전禪林僧寶傳』과 관련해서 다음과 같은 기록이 남겨져 있다.

1123년(仁宗 1) 7월에 승과를 주관했는데, 당시의 수행자들이 많이 2종의 자기自己를 주장하고 있었다. 그러자 사가 말하기를, '자기는 하나밖에 없는데 어째서 둘이 있겠는가? 지금부터는 그것을 금한다.' □□□□□사의 말에 의문을 품는 사람이 많았

는데, 후에 혜홍의 『선림승보전』이 전해지자 거기에는 고사古師
의 삼실三失을 나누어 자기를 나누는 것을 일실一失로 했다.
수행자들이 그것을 보고나서는 의문을 버렸다.[43]

여기서 고사古師란 천복승고(薦福承古, ?~1045)를 말하는데, '고
사古師의 삼실三失'이란 혜홍이 『선림승보전』에서 천복승고의 잘못
을 3가지로 나눈 것을 말한다. 그중의 일실一失이 '자기를 두 개로
나눈 것'이다.

『선림승보전』에 나타난 천복승고의 주장을 살펴보면, 승고는
자기自己에 대해서 다음과 같이 말하고 있다.

시중하여 말하기를 '중생이 오랫동안 유전하는 것은 자기를 밝히
지 못했기 때문인데, 고통에서 벗어나고자 한다면 단지 자기를
밝히기만 하면 된다. 자기에는 공겁空劫 이전의 자기가 있고,
현재 사용하고 있는 자기가 있다. 공겁 이전의 자기는 뿌리이고,
현재 사용하고 있는 자기는 지엽枝葉이다.'[44]

---

43 是月主盟禪席, 時學者盛談二種自己. 師曰, 自己一而已, 安有二哉. 從今已往,
宣禁止之. □□□□□□致疑於其間者衆, 及慧洪僧寶傳至, 判古師三失, 以分
自己爲一失. 學者見此, 然後斷惑.(「雲門寺圓應國師碑」, 『朝鮮金石總覽』上,
p.350)

44 薦福示衆曰, 衆生久流轉者, 爲不明自己. 欲出苦源, 但明取自己. 自己者, 有空
劫時自己, 有今時日用自己. 空劫自己是根蔕, 今時日用自己是枝葉.(『禪林僧

승고는 자기를 '공겁시의 자기〔本來面目〕'와 '현재 활동하고 작용 중인 자기'로 나누고, 공겁시의 자기야말로 참된 자기이므로 그것을 추구해야 한다고 말하고 있다.

그런데 이에 대해서 혜홍은 다음과 같이 비판하고 있다.

세존이 게송에서 말하기를 '아뢰야식은 습기習氣가 폭류瀑流와 같아서, 그것이 진식眞識인가 망식妄識인가에 미혹할까 걱정이다. 그러므로 나는 항상 분명하게 말하지 않는다'고 하였다. 제8식을 진식이라고 말한다면 중생들이 무자성無自性을 모를까 걱정이고, 망식이라고 말한다면 중생들이 단멸斷滅에 떨어질까 걱정스럽다. 그래서 '나는 항상 확실히 말하지 않는다'고 한 것이니, 이만큼 말을 하기가 힘든 것이다. 그래서 아난에게 '망식이기도 하고 진식이기도 하다'는 가르침을 주신 것이다.…… 그런데도 승고는 그 말을 알지 못하고 일법一法에서 이해二解를 낸다.[45]

혜홍이 예로 들고 있는 것은 아뢰야식이 진식眞識인가 망식妄識인가에 관련된 것이다. 즉 유식법상종唯識法相宗에서는 만유萬有는

寶傳』, 만속장경 X 79 p.516a)

45 曰, 世尊偈曰, 陀那微細識, 習氣如瀑流, 眞非眞恐迷. 我常不開演, 以第八識, 言其爲眞也耶, 則慮迷無自性. 言其非眞也耶, 則慮迷爲斷滅. 故曰, 我常不開演, 立言之難也. 爲阿難指示, 卽妄卽眞之旨… 然猶不欲間隔其辭, 慮於一法中, 生二解故.(『禪林僧寶傳』, 만속장경 X 79, p.518a)

아뢰야식에서 연기해서 성립한다는 아뢰야식연기설阿賴耶識緣起說을 주장하는데, 그때 만유는 보통 '미혹의 현상세계'를 가리킨다. 그러므로 이때 아뢰야식은 망식이라고 할 수 있다. 그러나 그러한 미혹을 벗어나서 깨닫는 것도 결국은 아뢰야식에서 성립하는 것이므로 이 경우에는 아뢰야식의 본질이 진식이 된다. 결국 유식법상종에서는 후대에 '아뢰야식의 본질이 진식인가 망식인가?'에 대해 논쟁이 일어나게 된다.

그런데 여기서 석가모니가 아뢰야식의 본질이 진식인가 망식인가에 대해서, 진식이라고 답하면 중생들이 무자성無自性을 모를까 걱정이고, 망식이라고 답하면 단멸斷滅에 떨어질까 걱정하여 할 수 없이 방편으로 '망식이기도 하고 진식이기도 하다'고 말한 것인데, 그것은 방편으로 그렇게 말한 것이지 아뢰야식을 둘로 나눈 것은 아니다. 그런데도 승고는 자기를 '공겁 이전의 자기'와 '현재 작용하고 활동 중인 자기'의 둘로 나누고 있다고 혜홍이 비판하고 있는 것이다.

그러나 『선림승보전』에서의 승고의 발언만으로 '승고가 자기自己를 두 개로 나누었다'고 단언하기에는 성급하다고 생각된다. 왜냐하면 승고가 자기를 '공겁 이전의 자기'와 '현재 작용하고 있는 자기'로 나눈 것은 체體와 용用의 측면을 말한 것이라고 생각되기 때문이다. 체와 용은 '하나이면서도 둘〔一而二〕'의 관계에 있는 것으로서 두 개로 나눈 것은 아니다. 따라서 혜홍의 비판이 타당성을 얻으려면

승고의 주장을 보다 상세하게 알 필요가 있을 것이다.

어쨌든 「운문사원응국사비」는 학일의 견식이 그만큼 뛰어났음을 이야기하는 것이다. 그런데 「운문사원응국사비」에는 또 의천의 천태종 개창과 관련하여 다음의 기록이 전한다.

> 대각국사가 송에 유학하여 화엄의 교의를 전하 왔으며, 아울러 천태교관을 배워왔다. 철종哲宗 원우元祐 원년 병인에 돌아왔는데, 지자대사智者大師를 존숭하여 별도로 종가를 세웠다. 이때에 총림납자 가운데 천태종으로 치우쳐 속한 자가 10에 6, 7이나 되었다. 사는 조도祖道가 쇠퇴하는 것을 슬퍼하면서 홀로 서겠다는 마음을 확고히 하였으며, 몸으로라도 그 임무를 삼고자 하였다. 대각국사가 사람을 보내 여러 차례 권유하였으나 끝내 그 명을 받아들이지 않았다. …… 우리 숙왕肅王 4년인 송 소성紹聖 5년 무인에 대각국사가 홍원사弘圓寺에 원각회圓覺會를 설치하고 사를 부강사副講師로 모시고자 하였으나, 사는 '선禪과 교敎가 섞이는 일은 감당할 수 없다'고 하며 사양하였다.[46]

---

46 國師西游於宋, 傳華嚴義, 兼學天台敎觀. 以哲宗元祐元年丙寅回, 尊崇智者, 別立宗家. 于時叢林衲子, 傾屬台宗者十六七, 師哀祖道凋落, 介然孤立, 以身任之. 大覺使人頻諭, 而卒不受命. …… 我肅王四年宋紹聖五年戊寅, 大覺於弘圓寺, 置圓覺會, 以師爲副講. 師辭曰, 禪講交濫, 不敢當之.(「雲門寺圓應國師碑」, 『朝鮮金石總覽』 상, p.349)

여기서 보면 의천이 천태종을 개창할 때 당시 조계종의 60~70퍼센트가 참여하였으나, 학일은 굳게 선종을 지켰다는 것을 알 수 있다. 특히 '선강교람禪講交濫, 부감당지不敢當之'라는 표현에서, 학일은 천태종을 교종으로서 인식하고 있었으며 이에 맞서서 순수한 선풍을 지키고자 하였음을 알 수 있다.

3. 보조지눌

보조지눌(普照知訥, 1158~1210)은 한국 조계종의 종조로서, 세계에 가장 널리 알려진 한국승려 중의 한 명이기도 하다. 또한 비교적 많은 저술을 남기고 있기 때문에 연구성과도 어느 정도 축적되어 있다. 특히 보조사상연구원이 설립되어 기관지인 『보조사상』을 통해서 많은 연구성과를 발표하고 있다.

지눌의 호는 목우자牧牛子이며, 8세에 출가하여 사굴산문의 운손 종휘雲孫宗暉선사에게 참구하였다. 그러나 종휘선사뿐만 아니라 많은 스승에게 공부했다고 한다. 25세에 승과에 급제했지만 출세를 단념하고 정혜결사定慧結社를 조직하였다. 28세에 대장경을 열람했을 때, 중국 당나라 이통현(李通玄, 635~730)의 『신화엄경론新華嚴經論』에 영향 받아서 연구하였고, 41세에 『대혜어록大慧語錄』을 읽고 대오하였다. 이후에 조계산曹溪山 수선사修禪社에서 돈오점수와 간화선을 선양하였다. 저술로는 『권수정혜결사문勸修定慧結社文』(1190), 『수심결修心訣』(1198), 『계초심학인문誡初心學人文』(1205), 『화엄론절요華嚴論節要』(1207), 『법집별행록절요병입사기法集別行錄節要並入私記』(1209), 『간화결의론看話決疑論』(사후인 1215년에 제자인 혜심이 간행) 등이 있고, 연대불명의 저작으로 『원돈성불론圓頓成佛論』이 있다.

　지눌의 사상을 분석하는 틀로서는 성적등지문惺寂等持門·원돈신해문圓頓信解門·경절문徑截門의 삼문三門이 있다. 이것은 김군수金君綏가 쓴 지눌의 비명에 나오는 말로, 성적등지문이란 하택신회의 이론을 받아들여 돈오점수설에 입각한 정혜쌍수定慧雙修를 주장하는 것을 말한다. 또 원돈신해문에서는 이통현의 학설을 받아들여 화엄과 선이 근본에 있어서 둘이 아님을 밝히며, 마지막의 경절문에서는 대혜종고의 간화선을 주장한다. 본서에서는 지눌의 선사상을 크게 돈오점수·간화선·삼현문으로서 설명하고자 한다.

1) 돈오점수사상

지눌에 있어서 돈오점수頓悟漸修란 '불교에 입문한 뒤 먼저 경전공부를 통해 지적인 깨달음[解悟]을 경험한 뒤 이것을 바탕으로 점차 수행하고[漸修], 마침내 구경각[證悟]을 획득하는 과정'을 말한다. 따라서 먼저 경전[교학]공부가 선행되어야 한다. 그러므로 돈오점수사상은 선교쌍수禪敎雙修를 말하며, 선승이라도 경전공부를 하지 않는 사람을 치선癡禪으로서 비난하였다.

　지눌의 돈오점수사상의 형성에 큰 영향을 준 사람은 이통현과 종밀이다. 지눌은 이통현의 『신화엄경론』을 통해서 선과 화엄이

다르지 않음을 깨달았고, 종밀을 통해서 이론적 기반을 구축하였다. 특히 종밀의 『선원제전집도서禪源諸詮集都序』(이하 '도서'라고 약칭) 와 『중화전심지선문사자승습도中華傳心地禪門師資承襲圖』(이하 '승습도'라고 약칭)는 큰 영향을 주었는데, 『법집별행록절요병입사기』 (이하 '사기'라고 약칭)가 『승습도』에 대한 주석서임을 보아서도 잘 알 수 있다. 따라서 지눌의 돈오점수사상은 큰 틀에서 『승습도』에 나타난 종밀의 사상에 기반하고 있다.

먼저 지눌은 '중하근기의 수행자들은 불교에 입문한 후 먼저 하택종荷澤宗의 가르침에 의해 공부해야 한다'고 주장한다.

> 그러므로 오늘날의 말법시대의 수행자들은 우선 하택이 보인 가르침에 의해 자심自心의 성상性相과 체용體用을 결택하고, 공적空寂에 떨어지지도 않고 수연隨緣에 그치는 것도 없이 진정한 이해를 열지 않으면 안 된다. 그 후 홍주와 우두 2종의 종지를 공부하면 부절이 합한 듯할 것이니 어찌 망령되이 취사심을 낳을 것인가?[47]

여기서 '공적에 떨어진다'라는 것은 우두종牛頭宗을 비판한 말이

---

47 是故, 而今末法修心之人, 先以荷澤所示言教, 決擇自心性相體用, 不墮空寂, 不滯隨緣, 開發眞正之解. 然後, 歷覽洪州牛頭二宗之旨, 若合符節, 豈可妄生取捨之心耶.(『법집병행록절요병입사기』, 한불전 권4, 743b)

고, '수연에 그친다'는 것은 홍주종洪州宗을 비판한 말이지만, 지눌은 '우선 하택종의 가르침에 의해 해오한 후에 점수할 것'을 주장하고 있는 것이다.

종밀은 『도서』에서 당시 중국의 선종을 크게 북종北宗·남종南宗·우두종牛頭宗으로 나누고, 남종을 다시 하택종荷澤宗·홍주종洪州宗으로 나누어서 그 사상적 차이를 서술하고 있는데, 『도서』와 『승습도』의 저술 목적은 당시 중심세력이었던 홍주종을 비판하고 하택종을 선양하는 데 있었다. 종밀의 영향을 받은 지눌도 큰 틀에서는 이와 다르지 않다. 따라서 하택신회를 지해종사知解宗師로서 높이 평가하고 있다.

> 목우자가 말하기를, '하택신회는 지해종사이다. 비록 육조혜능의 적자嫡子는 아니지만, 오해悟解가 고명하고 결택이 확실하다.[48]

반면 홍주종에 대해서는 종밀이 홍주종을 강력하게 비판한 데

---

[48] 牧牛子曰, 荷澤神會是知解宗師. 雖未爲曹溪嫡子, 然悟解高明, 決擇了然.(『법집병행록절요병입사기』, 한불전 권4, 741a) 이 구절에 대해 대부분의 학자들은 '지눌은 신회를 知解宗徒로서 낮게 평가했다'고 해석하지만, 여기서의 知解宗師는 '知와 解가 있는 종사'로 좋게 해석해야 한다. 신회를 낮게 평가하는 것은 『육조단경』에서 유래하는 것으로, 이것은 한국선종교단의 후대인식이다. 지눌은 일관되게 신회를 높게 평가하고 있다. (정영식, 「한국불교에서의 돈점논의와 雲峰大智禪師」, 『한국사상과 문화』 68, 2013 참조)

반해 지눌은 그렇지 않다. 이를 비교해 보면, 우선 종밀은 『승습도』에서 홍주종에 대해 다음과 같이 평가하고 있다.

> 홍주종에서는 언제나 말하기를, '탐貪·진嗔·자慈·선善의 모든 것이 불성이어서 불성이 아닌 것이 없다'라고 한다. 이것은 마치 (물의) 습한 성질이 변함없는 것을 알 뿐, 배를 띄운다든지 가라앉게 하는 공과功過의 차이를 알지 못하는 것과 같다. 그러므로 홍주종은 돈오문頓悟門에 있어서는 가깝지만 정확하지 않고, 점수문漸修門에 있어서는 완전히 틀렸다.[49]

이것은 종밀이 홍주종의 작용즉성作用卽性설을 비판한 것이지만, 이 부분에 대해서 지눌은 다음과 같이 의문을 제시한다.

> 그러나 서술된 홍주종과 우두종의 종지를 보면 심오하고 광대하며 비의가 감추어져 있어 수행자로 하여금 언어동용言語動容 가운데서 홀연히 깨닫게 하니, 이러한 묘밀한 종지가 어디에 있겠는가? 도대체 종밀은 2종을 비난하고 있는 것인가, 칭찬하고 있는 것인가? 단지 후학들이 말에 집착하는 것을 걱정하여 여래

---

[49] 洪州常云, 貪嗔慈善皆是佛性, 有何別者. 如人但觀濕性始終無異, 不知濟舟覆舟功過懸殊. 故, 彼宗於頓悟門, 雖近而未的, 於漸修門, 有誤而全乖.(『중화전심지선문사자승습도』, 만속장경 X63, 35c)

지견如來知見을 깨닫게 하였을 뿐, 2종에 대해서 훼찬심이 있었던 것은 아니다.[50]

여기에서 보면, 지눌은 종밀의 홍주종 비판이 애매하다고 의심하여 '종밀은 단지 수행자들이 홍주종과 우두종의 말에 집착하지 않도록 했을 뿐으로 2종을 비판할 의도는 없었다'고 한다.

이러한 종밀과 지눌의 차이는 시대배경이 달랐기 때문일 것이다. 종밀(780~841)의 시대는 마조도일의 홍주종이 장안長安을 중심으로 크게 세력을 떨치기 시작했으므로 종밀이 이를 견제하려고 했던 반면, 지눌(1158~1210)의 시대에는 중국뿐만 아니라 한국에서도 홍주종에서 나온 임제종이 이미 굳건한 지위를 획득하고 있었기 때문에 비판하지 않았다고 할 수 있다. 뿐만 아니라 지눌 이전의 구산선문의 대부분이 홍주종을 잇고 있으므로 말할 나위가 없을 것이다.

---

50 然, 觀其敍洪州牛頭二宗之意, 能深能廣, 窮極秘隱, 使修心人, 豁然自見於語言動用中, 何其妙密旨趣如斯. 未詳, 密師之意, 於二宗旨, 毀耶讚耶. 然, 但破後學如言之執, 使其圓悟如來知見,而於二宗無毀讚心.(『법집별행록절요병입사기』, 한불전 권4, 743a)

2) 간화선사상

그런데 이와 같은 돈오점수사상은 지눌이 대혜종고(大慧宗杲, 1089~1163)의 간화선을 받아들인 이후 변하기 시작한다. 지눌은 41세 때에 『대혜어록』을 읽고 세 번째 깨달음을 얻는데, 이후 대혜를 중시해 마지않았다.

지눌은 중하근기의 경우에는 경전공부에 의해 해오한 후 그것을 기반으로 점차 닦아서 구경각[證悟]을 얻는다는 돈오점수를 권하지만, 상근기의 경우에는 경절문인 화두를 참구할 것을 권한다. 지눌의 저작 중에서도 『사기』의 후반과 『간화결의론』에서 집중적으로 간화선사상이 전개되고 있지만, 『사기』의 저술이 1209년(52세)이고 『간화결의론』이 지눌의 사후인 1215년 간행인 사실에서 보면, 양 문헌은 시기적으로 연속하는 것이고 내용적으로도 『간화결의론』은 『사기』의 연장으로 볼 수 있을 것이다.

『간화결의론』은 어떤 승려가 중국 화엄종의 제3조인 법장(法藏, 643~712)의 오교판五教判 중 돈교頓教·원교圓教와 간화선의 동이同異를 묻는 것에 대해서 지눌이 답하는 형식으로 되어 있다. 지눌은 대혜의 간화선이 화엄의 성기性起의 덕을 밝힌 것에 다름 아님을 이야기하면서, 동시에 화엄은 간화선보다도 낮은 단계임을 다음과 같이 말하고 있다.

그러나 이 도리는 가장 원묘하지만 완전히 식정識情·문해聞解·사상思想에 의한 판단이다. 그러므로 선문의 공안을 참구해서 바로 오입하는 문에 있어서 하나하나 불법지해佛法知解의 병을 제거하는 것이다.…… 선문 중에는 이러한 원돈신해圓頓信解·여실언교如實言敎는 셀 수 없을 정도로 많아서 그것을 '사구死句'라고 한다. 왜냐하면 이해에 장애를 낳기 때문이다.[51]

지눌의 입장에서 보면, 화엄원교는 아직 지해知解의 병을 벗어나지 못했고 따라서 화엄의 가르침은 사구에 지나지 않는 것이었다.
그러자 질문자인 승려는 "돈교는 말을 떠나고 상相을 끊고 있으므로 간화선과 같은 경지가 아닙니까?"라고 질문하였다. 이에 대해 지눌은 다음과 같이 답하고 있다.

답하기를, "이언절려離言絶慮는 오교五敎에는 모두 그것이 있다. 왜냐하면 오교에는 전부 하나의 절언絶言이 있어서 문자를 잊고 깨닫게 하기 때문이다. 소승교小乘敎는 인공진여人空眞如를 깨닫고 대승교大乘敎는 법공진여法空眞如를 깨닫지만, 깨달을 때에는 모두 이언절려이다. 만약 언려를 잊을 수 없다면, 어떻게 깨달았

---

51 然, 此義理雖最圓妙, 總是識情聞解思想邊量. 故, 於禪門話頭參詳, 徑截悟入之門, 一一全揀佛法知解之病也.…禪門中, 此等圓頓信解, 如實言敎, 如河沙數, 謂之死句. 以令人生解碍故.(『간화결의론』, 한불전 권4, 732c~733a)

다고 할 수 있겠는가? 돈교는 단지 '이理의 성性은 이언절상離言絶相이다'고 하고, 달리 한 부류의 이념離念의 근기를 지닌 사람들을 위해 그것을 설한다. 그러므로, '일념도 나지 않는 자를 불佛이라고 이름한다'라는 것은 증리성불證理成佛에 지나지 않고 소법신素法身이라고 해야 한다.······『신화엄경론』에는 '우선 문해聞解로서 신입信入하고, 후에 무사無思로서 계합한다'고 하지만, 무사로서 증입하는 이상 그것도 이언절려이다.······ 선종의 상근기인이 공안을 참구하여 그 요의를 아는 사람은 십종지해十種知解의 병이 생기지 않는다. 그러므로 이것도 이언절려라고 할 수 있다."[52]

지눌은 오교 가운데서 소승교小乘敎·대승교大乘敎·원교圓敎·돈교頓敎가 모두 깨닫는 순간에는 이언절려離言絶慮이기 때문에 절언絶言이라고 한다. 소승교는 인공진여人空眞如를 깨닫고 대승교는 법공진여法空眞如를 깨닫는데, 깨닫는 순간에는 모두 이언절려이기 때문이다. 또 화엄원교華嚴圓敎의 경우에도 깨닫는 순간에는 무사無事이기 때문에 이언절려라고 할 수 있다. 그것은 돈교도 마찬가지이

---

52 答, 離言絶慮, 五敎有之. 以敎敎皆有一絶言, 並令忘詮會旨故. 小乘證人空眞如, 大乘菩薩證法空眞如, 當於證門, 皆離言絶慮. 若言慮未忘, 何名證也. 頓敎但說, 理性離言絶相, 別爲一類離念之機. 故, 一念不生卽名爲佛者, 但是證理成佛, 可名爲素法身也.··· 華嚴論云, 先以聞解信入,後以無思契同. 旣以無思證入, 亦是離言絶慮也.··· 禪宗過量之機, 話頭參詳,善知微者, 不生十種知解之病. 故, 亦可謂離言絶慮.(『간화결의론』, 한불전 권4, 733b~c)

다. 그러나 지눌은 "돈교는 증리성불證理成佛에 지나지 않기 때문에 궁극적인 깨달음이라 할 수 없다"고 말한다. 증리성불이란 '初發心時 卽成正覺'으로서 해오解悟에 지나지 않는 것이다. 따라서 수행이 완전히 익은 구경각究竟覺이라 할 수 없다. 여전히 지해의 병이 남아 있는 것이다. 이에 비해 간화선은 십종병十種病 등의 지해의 병이 완전히 없어진 뛰어난 수행법이라고 지눌은 주장한다.

3) 삼현문 사상

지눌은 선사상을 삼현문三玄門을 가지고 조직화하고 있다. 삼현문이란 원래 임제의현(臨濟義玄, ?~867)이 『임제록』에서 "일구어는 반드시 삼현문을 갖추어야 하고, 일현문은 반드시 삼요를 갖추어야 한다. 권이 있고 용이 있다(一句語須具三玄門, 一玄門須具三要. 有權有用.)"라고 말한 데서 유래하는 것이지만, 삼현문이 구체적으로 무엇인가가 분명하지 않았다. 그러다가 송대의 천복승고(薦福承古, ?~1045)가 처음으로 체중현體中玄·구중현句中玄·현중현玄中玄으로 나눈 것이다.

지눌의 삼현문사상은 천복승고의 영향을 많이 받고 있는데, 특히 『선림승보전禪林僧寶傳』에 인용된 승고의 사상이 크게 작용하고 있다. 『원돈성불론』, 『간화결의론』에 나오는 '고사古師'는 천복승고에 다름 아니다. 삼현문에서 가장 낮은 단계는 체중현이다. 지눌은 체중현에 대해서 다음과 같이 말한다.

선문에는 또 밀전密傳을 감당할 수 없어서 교敎에 의해 종宗을 깨닫는 사람들을 위해 진성연기眞性緣起·사사무애事事無碍의 법을 설한다. 예를 들면 삼현문 중에서 초심자는 체중현에 들어가는데, 경전에서 '일구一句가 분명하여 만상萬象을 포괄한다'고 하는 것이 그것이다.[53]······ 선종에는 또 삼계유심三界唯心·만법유식萬法唯識·사사원융事事圓融으로 관문을 삼는 사람들이 있다. 이것은 초현문 중에서 법안문익·천태덕소가 세운 것이다. 원교와 같지만, 설법의 광략廣略이 다를 뿐이다.[54]

초현문 중에는 화엄과 법안종이 해당된다고 한다. 화엄은 지눌의 표현에 의하면 아직 '교敎에 의해 종宗을 깨닫는 단계'이며, 법안종은 선 가운데서도 교학을 가장 많이 받아들인 종파이다. 법안문익法眼文益이 화엄사상을, 천태덕소天台德韶가 천태사상을 받아들인 것은 익히 알려진 사실이다. 그런데 이 단계에서는 아직 불법지견佛法知見이 완전히 없어지지 않았기 때문에 구중현으로 나아가지 않으면

---

53 禪門亦有爲密付難堪, 借教悟宗之者, 說眞性緣起事事無碍之法. 如三玄門, 初機得入體中玄, 所明云, 無邊刹境自他不隔於毫端, 一世古今始終不離於當念. 又云, 一句明明, 該万像, 等是也.(『간화결의론』, 한불전 권4, 733a)
54 禪宗或有, 以三界唯心万法唯識事事圓融爲觀門. 此是初玄門中, 法眼和尙, 韶國師所立. 同於圓教, 但設法廣略有異耳.(『간화결의론』, 한불전 권4, 736c)

안 된다.

그러나 이 사람은 오랫동안 불법지견이 마음에 있어서 상쾌하지 못하다. 그러므로 본분사本分事에 의해 지견에 대응하여 구중현에 들어가 체중현의 불법지견을 없앤다. 이 현에는 경절문의 정전백수자庭前栢樹子·마삼근麻三斤 등의 공안이 있다.[55]

지눌은 불법지견을 없애기 위해서는 정전백수자·마삼근 등의 화두를 참구해야 한다고 한다. 그런데 정전백수자·마삼근 등의 화두는 아직 궁극의 단계에 이르지 못했다. 그러므로 현중현을 세워야만 한다.

(구중현은) 그러나 지견언구知見言句가 남아 있어서 아직 생사계에서 자재함을 얻을 수가 없다. 그러므로 제3 현중현의 양구良久·묵연默然·방棒·할喝 등의 작용作用을 세워서 앞의 지견을 없앤다.[56]

---

55 然, 此人長有佛法知見在心, 不得脫洒. 或有依本分事, 祇對洒落知見, 入句中玄, 破初玄門佛法知見. 此玄有徑截門庭前栢樹子麻三斤等話頭.(『간화결의론』, 한불전 권4, 734b)

56 然, 未亡洒落知見言句, 猶於生死界, 不得自在. 故, 立第三玄中玄, 良久默然棒喝作用等, 破前洒落知見.(『간화결의론』, 한불전 권4, 734b~c)

즉 지눌에 있어서 구중현에 속하는 화두들도 아직 언구에 집착한 사구死句에 지나지 않는 것이었다. 그러므로 이러한 화두를 참구해도 구경각은 얻을 수 없고 생사에 자재할 수도 없다. 그러나 대혜는 이와 달리 '단지 맛도 없고 모색할 수도 없는 공안을 제시할 뿐(但給沒滋味無摸索底話頭)'으로, 화두십종병을 제거하는 활구活句를 참구하게 한다. 따라서 대혜의 간화선을 참구하지 않으면 안 되는 것이라고 지눌은 주장하고 있다.

4) 『진심직설』 저자의 문제

『진심직설眞心直說』은 동아시아불교에 큰 영향을 끼친 문헌으로서 오랫동안 보조지눌의 저술로 여겨져 왔다. 그러나 2000년에 남권희·최연식에 의해 『진심직설』이 지눌의 저술이 아니라는 주장이 제기되었고,[57] 이에 대해 김방룡이 반론을 제기하는 등[58] 논란이 발생하였다. 최연식은 그 후 2003년에 새로운 자료를 발굴하여 '『진심직설』은 중국 금金나라의 정언政言선사가 찬술한 것이다'고 주장하였으며,[59]

---

[57] 「진심직설의 저자에 대한 재고찰」,(남권희·최연식, 한국도서관·정보학회지 31-2, 2000)

[58] 「진심직설의 저자에 대한 고찰: 진심직설은 보조지눌의 저서이다」,(김방룡, 보조사상 15, 2001)

[59] 「眞心直說の著者の再檢討」,(최연식, 인도학불교학연구 51-2, 2003)

2011년에 손성필은 최연식의 미흡한 점을 보충하면서 그간의 논의를 총정리한 논문을 발표하였다.[60]

필자는 최연식의 주장이 상당한 설득력이 있다고 생각한다. 그러나 현재 한국불교학계에서는 이에 대한 결론을 내리지 못하고 있는 상태이며, 아직도 『진심직설』을 지눌의 저술로 간주하여 연구를 진행하는 사람도 있다. 따라서 본서에서는 그간의 연구성과를 정리하는 형태로 이 문제를 짚고 넘어가고자 한다.

우선 결론적으로 말하면, 금대의 정언(政言, ?~1184)선사의 저술인 『진심직설』은 중국에서 오랫동안 저자미상의 저술로 여겨지다가, 18세기 말에 조선에 전해진 후 여러 서지적 요인으로 인해 보조지눌의 저술로 간주되었다. 이 과정을 간단히 연대순으로 정리하면 다음과 같다.

우선 『진심직설』에 관한 최초의 기록은 1188년에 건립된 정언선사의 탑명인 「중도담자산용천선사언선사탑명中都潭柘山龍泉禪寺言禪師塔銘」이다. 거기에는 다음과 같이 기록되어 있다.

> 송고·염고 각각 백편과 주선설注禪說·금강가金剛歌를 지었다. 또 금대록金臺錄·진심직설眞心直說·수행십법문修行十法門을 저술하였는데 모두 세상에 전해진다.[61]

---

60 「진심직설의 판본계통과 보조지눌 찬술설의 출현배경」(손성필, 한국사상사학 38, 2011)

여기서 보면 정언선사가 『진심직설』을 저술하였음이 확인된다. 그런데 『진심직설』에 관한 중국의 기록은 이 이후 사라져 버린다. 정언이 활약하였던 금대의 불교는 금이 몽고에 멸망되면서 자료가 일실되어 남겨진 기록이 거의 없기 때문일 것이다.

현재 중국에 남아 있는 『진심직설』의 간본은 크게 1584년에 간행된 명明 북장판北藏版과 1598년에 간행된 개원사開元寺 간본의 두 계통이 있는데, 개원사간본의 저본은 북장판보다 오래된 것이라고 한다. 또 북장판은 후대에 간행된 가흥장嘉興藏·용장龍藏 등의 저본이 된 것이다. 그런데 이 두 간본에 수록되어 있는 『진심직설』에는 저자가 명기되어 있지 않다. 우선 개원사본은 『고려국보조선사수심결高麗國普照禪師修心訣』과 합간되어 있는데, 『수심결』의 저자는 '고려국보조선사高麗國普照禪師'라고 분명히 밝혀져 있는 반면 『진심직설』에 대해서는 '고덕선사진심직설古德禪師眞心直說'로 되어 있을 뿐 '고덕선사'가 누군지에 대한 설명이 없다. 또 북장판 『진심직설』의 경우, 지눌의 『계초심학인문誡初心學人文』 및 몽산덕이蒙山德異와 관련된 법어法語 3편과 합간되어 있는데 여기에도 '고덕선사진심직설'로 되어 있다. 따라서 16세기의 중국에서는 『진심직설』을 '저자미상'의 저술로 판단하고 있었음을 알 수 있다.

그런데 17세기에 접어들면서 『진심직설』의 저자는 '지눌'로 인식

---

61 製頌古拈古各百篇注禪說金剛歌. 又著金臺錄眞心直訣修行十法門, 皆行於世.(「眞心直說の著者の再檢討」, p.761에서 재인용)

되기 시작했다. 우선 1606년에 간행된 가흥장嘉興藏판『진심직설』
에는 제명題名이 북장판과 달리 고덕선사가 누락된 '진심직설眞心直
說'로 되어 있고, 장정裝幀도 고려국보조선사수심결高麗國普照禪師
修心訣·진심직설眞心直說·보장론(寶藏論, 僧肇 찬)이 1책으로 되면
서『진심직설』이 지눌의 저술로 오해될 가능성이 커지게 되었다.
나아가『진심직설』의 바로 뒤에『계초심학인문』이 부록으로 붙어
있다. 즉『진심직설』이 지눌의 저술인『수심결』과『계초심학인문』
사이에 끼인 형태가 된 것이다.

대장경에 입장된 경론의 저·역자 등을 기록한 목록에서도 17세기
에는『진심직설』의 저자를 '지눌'로 기록한 것이 나타난다. 우선
1619년에 편찬된『대명석교휘목의문大明釋敎彙目義門』에는『진심
직설』의 저자를 '원해동조계산元海東曹溪山 석지눌釋知訥 술述'로
되어 있으며,『수심결』의 저자는 '원고려사문元高麗沙門 석보조釋普
照 술述'로 되어 있다. 또 1664년에 간행된『열장지진閱藏知津』에도
『진심직설』의 저자를 '원조계산노납元曹溪山老衲 지눌知訥 술述'로
하였으며『수심결』의 저자는 불전명인 '고려국보조선사수심결高麗
國普照禪師修心訣'로 대신하고 있다. 그런데 여기서는『진심직설』의
저자를 '지눌'로,『수심결』의 저자를 '보조'로 표현하였음을 알 수
있는데, 이는 지눌과 보조를 동일인물로 인식하지 못하였음을 의미
한다. 만약 보조와 지눌이 동일인임을 알았다면 서로 달리 표기하지
는 않았을 것이다.

이와 같이 17세기에도 『진심직설』의 저자에 대해서는 혼란과 착종이 이어지고 있는데, 1882년에 간행된 『대명삼장성교목록大明三藏聖敎目錄』에도 『진심직설』의 저자를 '실역인명失譯人名'으로 기록하고 있어 『진심직설』을 '저자미상'의 문헌으로 간주하는 경향이 남아 있음을 알 수 있다.

우리나라에 『진심직설』이 처음 전래되는 것은 가흥장본의 필사본을 이충익(李忠翊, 1744~1816)이 소장함으로부터이다. 가흥장본은 고려국보조선사수심결·진심직설·보장론이 1책으로 장정된 것으로서 이것이 중국에서 필사되어 조선에 전해진 것으로 추측된다. 그러나 전래의 경위에 대해서는 알려진 바가 없다. 이것을 저본으로 해서 1799년에 송광사에서 『보장론』을 빼고 『수심결』과 『진심직설』만을 합본해서 간행하기에 이른다. 이때 이충익이 발문跋文을 쓰는데, 발문에서 다음과 같이 말하고 있다.

> 보조선사는 조계수선사曹溪修禪社의 개산開山 초조初祖이다. 법보를 널리 전하여 해동에 은택을 내리니, 그가 저술한 것들이 모두 이미 유통되고 있다. 연도燕都의 대장경 속에 있는 『수심결』과 『진심직설』 2서二書는 내가 얻은 것인데, 총림에 전하지 않던 것들이다.[62]

---

62 普照師爲曹溪修禪社開山初祖. 弘闡法寶, 雨于震朝. 其所詮著, 悉已流通. 而自燕都藏中, 修心訣眞心直說二書, 爲余所獲, 而叢林無傳焉.(「진심직설의

여기서 이충익은 '보조지눌의 저서는 모두 유통되고 있는데, 자신이 중국의 대장경 속에서 얻은 『수심결』과 『진심직설』은 전하지 않은 것들을 새로이 얻은 것이다'고 한다. 여기에서 보면 이충익은 『진심직설』이 지눌의 저술임을 확신하고 있다. 『수심결』에 관한 발언은 이충익의 착각이라고 생각되는데, 왜냐하면 『수심결』은 당시에 이미 조선에서 유통되고 있었기 때문이다.

이 이후 우리나라에서는 『진심직설』이 보조지눌의 저술이라는 생각이 확산되었고, 별다른 의심 없이 지금까지 전해져 왔다. 이상의 서지적·역사적 연구에서 『진심직설』이 중국 금金나라 정언政言 선사의 저술임이 거의 확실시된다 할 수 있을 것이다. 무엇보다도 1799년의 송광사간본 이전에는 우리나라에 『진심직설』에 관한 어떠한 관련기록과 인용사례도 없었다는 것이 이를 뒷받침한다.

판본계통과 보조지눌 찬술설의 출현배경」, p.35에서 재인용)

4. 진각혜심

진각혜심(眞覺慧諶, 1178~1234)의 호는 무의자無衣子, 자는 영을永乙, 속성은 최씨이다. 전남 화순에서 출생하였다. 24세에 사마시司馬試에 합격하여 태학太學에 들어갔으나, 출가를 반대하던 어머니가 돌아가시자 지눌을 찾아가 출가하였다. 지눌이 입적한 후에는 수선사의 2대 사주社主가 되어 선법을 떨쳤다. 저서로는 『선문염송집禪門拈頌集』, 『조계진각국사어록曹溪眞覺國師語錄』, 『무의자시집無衣子詩集』, 『구자무불성화간병론狗子無佛性話揀病論』 등이 있다.

혜심의 선사상이 잘 드러난 것으로는 『진각국사어록』과 『구자무불성화간병론』이 있는데, 이 중 『구자무불성화간병론』은 무자공안無字公案을 해석한 것이다. 또 『선문염송집』은 고칙古則 1,125칙과 이에 대한 선승들의 징徵·염拈·송頌·가歌 등의 어요語要를 채집해서 엮은 것으로서, 총 30권에 이르는 공안집公案集이다.

지눌의 경우 그 사상적 기반이 화엄에 있고 생애의 후반기에 대혜종고의 어록을 통해 간화선을 받아들이기는 했지만 결국 교학의 영향을 벗어날 수는 없었다. 이에 반해 혜심은 철저한 선승이라고 할 수 있으며, 혜심에 와서 비로소 우리나라에 간화선이 넓혀졌다고 보아도 좋다. 혜심에게 영향을 많이 끼친 승려로는 대혜종고(大慧宗杲, 1089~1163)와 영명연수(永明延壽, 904~975)가 있는데, 대혜는 혜심의 간화선에, 연수는 무심無心사상의 형성에 큰 영향을 미쳤다. 특히 연수의 『종경록宗鏡錄』은 『진각국사어록』에서 굉장히 많이 인용되고 있다.[63]

1) 간화선사상

(1) 무자공안의 유래

무자공안無字公案은 구자무불성화狗子無佛性話라고도 하는데 원래 당나라의 조주종심(趙州從諗, 778~897)에서 유래되는 것이다. 오늘날 통용되는 무자공안은 다음과 같다.

> 어떤 승이 조주스님에게 묻기를 '개에게도 불성佛性이 있습니까?' 그러자 조주가 대답했다. '무無.'[64]

오늘날 우리가 알고 있는 무자공안은 위와 같은 짧은 문답이지만, 공안화公案化[65]되기 이전의 원래 문답은 다음과 같은 것이었다.

---

63 「종경록이 진각혜심에 미친 영향」(정영식, 한국사상과 문화 69, 2013) 참조.
64 僧問, 狗子還有佛性也無. 趙州云, 無.
65 공안公俯의 案牘: 관청에서의 판례]은 원래부터 공안으로서 존재했던 것이

(어떤 수행자가 조주에게) 물었다. '개에게는 불성이 있습니까?' 사가 말하기를, '없다.' 수행자가 말하기를, '위로는 제불諸佛에 이르기까지 아래로는 개미에 이르기까지 모두 불성이 있는데, 어째서 개에게는 없는 것입니까?' 사가 말하기를, '개에게는 업식성業識性이 있기 때문이다.'[66]

『열반경涅槃經』에는 '일체중생실유불성一切衆生悉有佛性'이라고 해서 '모든 중생에게는 불성이 있다'고 하고 있다. 이것이 당시의 상식이었기 때문에 질문자인 승은 '왜 개에게는 없다고 하는 것입니까?' 하고 물었던 것이다. 이에 대해서 조주는 '개는 전생의 업業 때문에 개로 태어난 것이기 때문에 불성이 없다'고 답했다.

그런데 우리는 다음과 같은 의문을 가진다. 왜 질문자는 하필 개의 불성에 대해 물었던 것일까? 우리는 화두에 대해서 자칫 대답에만 관심을 가질 뿐 질문에 대해서는 무심한 경우가 많다. 무자공안에서도 대부분의 사람들은 '무無'라는 대답에만 관심을 집중할 뿐, '왜 질문자인 승은 개의 불성에 대해서 물었을까?'라고 의문시하지 않는다. 필자는 무자공안에 다음과 같은 배경이 있었다

아니라 스승과 제자간의 일상적인 문답이었다. 이것을 唐末·宋代에 와서 수행의 방편인 공안으로서 삼은 것이다. 이것을 필자는 '공안화'라고 부른다.

[66] 問, 狗子還有佛性也無. 師云, 無. 學云, 上至諸佛下至螳子, 皆有佛性, 狗子爲什麼無. 師云, 爲伊有業識性在.(『고존숙어록』, 만속장경 X68, 81a))

고 생각한다.

　석가모니 이후 수행자들의 목표는 '윤회에서 벗어나는 것'이었다. 즉 금생今生에서 해탈을 얻어 더 이상 윤회하지 않는 것이 수행의 목적이었던 것이다. 당대唐代의 승려들도 이와 같이 윤회에서 벗어나는 것이 수행의 목표였고, 실제로 당시의 승려들은 윤회에 대한 일종의 공포감을 가지고 있었다. 그러나 금생에서 해탈한다는 것은 쉽지 않기 때문에, 질문자인 승은 '만약 내가 금생에서 해탈하지 못하고 다음 생에 윤회할 경우, 개로 태어난다면 어떻게 될까? 그때 만약 개에게 불성이 있다면 수행해서 성불하면 되지만, 만약 개에게 불성이 없다면 나는 영원히 성불하지 못하는 것이 아닐까?' 하는 의문을 가진 것이다. 그래서 승은 조주에게 '개에게도 불성이 있습니까?' 하고 두려운 마음으로 물었을 것이다.

　그런데 이에 대해 조주는 '없다〔無〕'고 냉정하게 답한다. 여기에는 자신감이 상실되어 이미 내생의 수행을 이야기하고 있는 수행자에 대해서 '쓸데없는 소리 말고 금생에 해탈할 것'을 독려하는 의미에서 '없다'고 했던 것이다. 그러자 평소 『열반경』의 '일체중생실유불성'을 알고 있던 승이 '개미에 이르기까지 불성이 있다고 들었는데, 어째서 개에게는 없다고 하시는 것입니까?' 하고 되물은 것이다.

　나아가 무자공안에는 수隋·당唐대에 행해진 불성논쟁佛性論爭이 그 배경에 있다. 불성논쟁은 원래 『열반경』의 해석을 둘러싸고 인도에서 발생한 것이지만, 『열반경』이 중국에 전해지자 천제성불

(闡提成佛: 일천제를 비롯해서 모든 중생이 성불할 수 있다)을 주장하는 측과 일분무성(一分無性: 불성이 없는 부류도 존재하므로 모든 중생이 성불하는 것은 아니다)을 주장하는 측 사이에 논쟁이 펼쳐졌다. 특히 당대唐代에 있어서는 천제성불을 주장하는 영윤靈潤·법보法寶측과 일분무성을 주장하는 신태神泰·혜소慧沼의 사이에 격한 논쟁이 벌어졌다. 이에 따라 선종에서도 불성에 대한 관심과 논의가 많아졌는데, 대표적인 인물이 남양혜충(南陽慧忠, ?~775)이다.『경덕전등록』권28「남양혜충국사조」에는 다음과 같은 문답이 있다.

승이 또 물었다. "불심佛心이란 무엇입니까?' 사가 대답했다. "벽과 기와가 그것이다." 승이 말했다. "경전과는 다르군요.『열반경』에는 '벽과 같은 무정물無情物을 떠나므로 불성이라고 이름한다'고 하고 있는데, 화상은 그것을 불심이라고 하니 도대체 심心과 성性은 같은 것입니까, 다른 것입니까?" 사가 말했다. "미혹하면 다르고 깨달으면 같다.…… 만약 무정無情에는 불성이 없다고 집착하면 경전에 삼계유심三界唯心이라고 말할 리가 없다. 네가 경전을 모를 뿐 내가 경전에 어긋난 것이 아니다." 승, "무정에 불성이 있다면 설법할 수도 있습니까?" 사, "항상 설법해서 그친 적이 없다."[67]

---

67 僧又問, 阿那箇是佛心. 師曰, 牆壁瓦礫是. 僧曰, 與經大相違也. 涅槃云, 離牆壁無情之物, 故名佛性. 今云, 是佛心, 未審心之與性爲別不別. 師曰, 迷卽別悟

이것은 소위 초목성불草木成佛을 주장하는 장면이다. 초목성불은 '중생〔有情〕'이 아닌 초목·벽·기와 등의 무정에도 불성이 있다'는 설로, 인도에는 없는 중국 고유의 설이다. 초목성불설이 최초로 등장하는 것은 삼론종三論宗의 길장(吉藏, 549~623)으로 당대唐代에는 천태·화엄·선 등이 각자의 입장에서 초목성불설을 전개했다. 특히 천태6조인 담연(湛然, 711~782)은 『금강비론金剛錍論』을 저술하여 큰 영향을 주었다고 전해진다. 선종에서는 남양혜충이 최초이다.

또한 무정물뿐만 아니라 개의 불성을 묻는 논의도 있었는데, 예를 들어 다음과 같은 것들이다.

Ⓐ어떤 승이 흥선유관興善惟寬선사에게 물었다. '개에게는 불성이 있습니까?' 유관, '있다.' 승, '화상에게는 있습니까?' 유관, '없다.' 승, '일체의 중생에는 불성이 있다고 했는데, 어째서 화상에게는 없는 것입니까?' 유관, '나는 일체중생이 아니기 때문이다.' 승, '중생이 아니라면 불佛이겠네요.' 유관, '불佛도 아니다.' 승, '그렇다면 결국 어떠한 물건입니까?' 유관, '물건도 아니다.' 승, '볼 수도 있고, 생각할 수도 있습니까?' 유관, '사유도 미칠

卽不別……若執無情無佛性者, 經不應言三界唯心. 宛是汝自違經, 吾不違也. 問, 無情旣有心性, 還解說法否. 師曰, 他熾然常說, 無有間歇(『경덕전등록』, 대정장51, 438a)

Ⅲ장 조계종의 성립과 전개 121

수 없고 의론해도 알 수 없다. 그러므로 불가사의라고 하는 것이다.'[68]

Ⓑ 왕상시王常侍가 어떤 승에게 물었다. '중생에게는 모두 불성이 있습니까?' 승, '모두 있습니다.' 그러자 상시가 벽에 그려져 있는 개를 가리켜서 말했다. '이것에도 불성이 있습니까?' 승은 대답하지 못했다. 상시가 대신해서 말하기를, '보라. 물고 말았다.'[69]

Ⓐ는 어떤 승의 질문에 대해 흥선유관(興善惟寬, 755~817)이 대답한 것이고, Ⓑ는 역시 당나라 중기 때의 왕경초(王敬初, 생몰연대 미상)가 행한 문답이다. 모두 조주종심과 같은 시기에 활동했던 사람들이다. 이와 같이 무자공안은 수·당대의 불성에 관한 불교계의 관심과 윤회에 대한 불안감 등이 그 배경에 있는 것이다.

그런데 앞에서도 보았듯이 원래 조주종심의 둔답은 '논리적으로

---

[68] 問, 狗子還有佛性否. 師云, 有. 僧云, 和尙還有否. 師云, 我無. 僧云, 一切衆生皆有佛性, 和尙因何獨無. 師云, 我非一切衆生. 僧云, 旣非衆生, 是佛否. 師云, 不是佛. 僧云, 究竟是何物. 師云, 亦不是物. 僧云, 可見可思否. 師云, 思之不及, 議之不得. 故云, 不可思議.(『景德傳燈錄』卷7「興善惟寬禪師條」, 대정장 51, 255a)

[69] 常侍問一僧云, 一切衆生還有佛性也無. 僧曰, 盡有. 常侍指壁間畵狗子云, 者個還有也無. 僧無對. 常侍自代云, 看咬著.(『大光明藏』卷中「王常侍條」, 만속장경 X79, 703b)

이해할 수 있는 것'이었으며, 조주가 '무'라고 답한 것은 '없다'는 의미였다. 그러나 이것은 대혜종고에 이르러 '유무有無를 떠난 무'로 해석되기에 이른다.

(2) 혜심의 간화선 이해

혜심은 선사였지만 교학을 부정하지는 않았다. 『진각국사어록』에는 수많은 경전이 인용되고 있는데, 가장 많이 인용되는 것은 『화엄경』·『원각경』·『능엄경』이다. 또한 간화선 이외의 수행법도 부정하지 않았다. 예를 들면 천태의 지관止觀수행도 인정하고 있다.

혜심이 주장하는 수행법은 크게 유심수행有心修行과 무심수행無心修行으로 나눌 수가 있는데, 유심수행이란 '의도적으로 행하는 수행'을 말하며 무심수행이란 '작위하지 않는 수행', 즉 무수지수無修之修라고 할 수 있다. 유심수행에는 천태의 지관 등이 해당되고, 무심수행에는 간화선이 해당된다. 혜심은 어떤 수행방법보다도 간화선이 우월하다고 주장하는데, 『진각국사어록』「시정견도인示正見道人」에는 다음과 같이 기록되어 있다.

이 마음은 중생의 본원입니다. 그러나 망상 때문에 스스로 장애를 입습니다. 만약 망상을 떠난다면 (본심이) 저절로 현전現前할 것입니다. 망상을 떠나고자 한다면 화두를 참구하는 것보다 좋은 것이 없습니다. '죽비竹篦라고 불러도 안 되고 죽비라고

부르지 않아도 안 된다. 말을 내려도 안 되고 말이 없어도 안 되며, 헤아려서도 안 된다.'[70]

혜심은 모든 인간은 태어나면서부터 청정한 마음을 가지고 있는데 망상 때문에 그것이 드러나지 못한다고 한다. 따라서 망상을 제거해야 하는데, 그 방법으로서 간화선만한 것이 없다는 것이다. 이와 같이 혜심에게 있어서 간화선은 가장 뛰어난 수행법이었다.

그렇다면 혜심이 가장 중요시했던 화두는 무엇이었을까? 혜심은 종종 아자공안啞字公案[71]을 사용해서 제자와 문답하는 경우도 있었지만, 가장 중요시한 것은 무자공안이었다. 혜심의 무자공안 이해가 가장 잘 드러난 것은 『구자무불성화간병론』이다. 이 논은 판수版數가 한 장에 불과한 짧은 문헌으로서, 대혜종고가 주장한 '화두를 참구할 때 걸리기 쉬운 병'을 십종병十種病으로 정리하고 이에 대해 해석한 것이다. 십종병이란 다음을 말한다.

① 부득작유무지무不得作有無之無: 무자공안에서 불성을 '있다'든지 '없다'든지로 이해해서는 안 된다.

---

70 此心是衆生本源. 但以妄想自障. 若離妄想, 自然現前. 欲離妄想, 莫如看話. 喚作竹篦子卽觸, 不喚作竹篦子卽背. 不得下語無語, 不得擬議思量.(『진각국사어록』, 한불전 권6, 36a)
71 啞字公案이란 법등태흠(法燈泰欽, ?~974)선사의 문답에서 유래한 것으로, 다음과 같은 내용이다. 僧問法燈, 百尺竿頭, 如可進步. 燈云, 啞.

② 부득작진무지무복도不得作眞無之無卜度: 무자공안에서 말하는 무를 '진무眞無'라고 해석해서는 안 된다.

③ 부득작도리회不得作道理會: 무자공안을 뭔가 그럴듯한 도리가 있다고 이해해서는 안 된다.

④ 부득향의근하사량복도不得向意根下思量卜度: 제육식六識인 의식意識으로 무자공안을 헤아려서는 안 된다.

⑤ 부득양미순목처타근不得揚眉瞬目處探根: '눈썹을 움직이거나 눈을 깜박거리는 행동' 속에 불성이 있다고 생각해서는 안 된다.

⑥ 부득향어로상작활계不得向語路上作活計: 언구에 집착해서는 안 된다.

⑦ 부득양재무사갑리不得颺在無事甲裏: '무사無事인 것이 최고이다'고 안주해서는 안 된다.

⑧ 부득향거기처승당不得向擧起處承當: 화두를 제기하는 순간 그대로 인정해서는 안 된다.

⑨ 부득향문자중인증不得向文字中引證: 문헌에서 증거를 찾아서도 안 된다.

⑩ 부득장미대오不得將迷待悟: 자신이 어리석다고 생각하여 깨달음을 의식적으로 기다려서도 안 된다.

혜심은 이 중의 몇몇에 대해서 '병에 걸린 사례'들을 들고 있는데 그것은 다음과 같다. 우선 ① 부득작유무지무에 대해서는 다음과 같은 사례들을 들고 있다.

 Ⓐ 경전에 말하기를 "유정有情에는 불성이 없고 무정無情에게는 불성이 있다."
 Ⓑ 황벽희운黃檗希運선사가 말하기를 "부처의 경지를 밟으면 무정에게도 불성이 있지만, 부처의 경지를 밟지 못하면 유정이라도 불성이 없다."
 Ⓒ 혜랑慧朗선사가 석두희천石頭希遷선사에게 묻기를 "불성이란 무엇입니까?" 그러자 석두가 답하기를 "너에게는 불성이 없다." 혜랑, "꿈틀거리는 벌레나 동물들은 또 어떠합니까?" 석두, "벌레나 동물에게는 오히려 불성이 있다." 혜랑, "저에게는 어째서 없는 것입니까?" 석두, "너는 받아들이려고 하지 않기 때문이다."[72]

 ⇒ 이상은 모두 불성을 있다〔有〕, 없다〔無〕는 것으로 이해하고 있으므로 잘못이다.
 ② 부득작진무지무복도의 예로서는 다음을 들고 있다.

---

[72] 如經云, 有情無佛性, 無情有佛性. 黃檗云, 始踏佛階梯, 無情有佛性. 未踏佛階梯, 有情無佛性. 又如惠朗禪師問石頭, 如何是佛性. 頭云, 汝無佛性. 云, 蠢動含靈又作麼生. 日, 蠢動含靈 却有佛性. 云, 某甲爲什麼却無. 爲汝不肯承當.(『구자무불성화간병론』, 한불전 권6, 69c)

예를 들면 『금강삼매경金剛三昧經』에 말하기를 '만약 무無를 떠나 유有를 취하거나, 유有를 버리고 공空을 좇는다면 진무眞無가 아니다. 지금 비록 유를 떠나지만 공에도 머물지 않아야 비로소 제법諸法의 진무를 얻은 것이다.[73]

⇒ '유무를 초월한 것이 참된 무〔眞無〕인데, 무자공안에서 조주가 무라고 한 것은 유무의 무가 아니라 진무를 말한 것이다'라고 이해해서는 안 된다.

⑤ 부득양미순목처타근의 사례로서는 다음을 들고 있다.

Ⓐ 고덕이 말하기를 "눈을 깜박이고 눈썹을 움직이는 곳에 불조佛祖의 작용이 분명히 드러나 있다."
Ⓑ 어떤 승이 조사서래의祖師西來意를 묻자, 숭악혜안嵩嶽慧安선사가 답하기를 "비밀스런 작용을 관觀해야 한다." 승, "무엇이 비밀스런 작용입니까?" 그러자 혜안선사는 눈을 감았다가 뜸으로서 그것을 보였다.[74]

---

[73] 如金剛三昧經云, 若離無取有, 捨有從空而非眞無. 今雖離有而不存空, 如是乃得諸法眞無.(『구자무불성화간병론』, 한불전 권6, 69c~70a)
[74] 古德云, 瞬目揚眉處, 明明佛祖機. 又有問西來意. 答云, 當觀密作用. 云, 如何是密作用. 以目開合視之.(『구자무불성화간병론』, 한불전 권6, 70a)

⇒ '모든 동작이 바로 불성의 드러남이다'고 하는 주장을 금과옥조로 생각해서는 안 된다.

⑥ 부득향어로상작활계의 사례로서는 다음을 들고 있다.

> 원오극근圓悟克勤선사가 말하기를 "언구言句를 의심하지 않는 것이 큰 병이다."[75]

⇒ 공안을 비롯한 언어문자에 집착해서는 안 된다. 따라서 원오는 언구를 의심해야 한다고 말했던 것이다.

⑦ 부득양재무사갑리의 사례로서는 다음을 들고 있다.

> 덕산선감德山宣鑑선사가 말하기를 "일에 있어서 무심無心하고 마음에 무사無事하면, 텅 비었으면서도 신령스럽고 공空하면서도 영묘靈妙할 수 있다."[76]

⇒ 일이 없는 것에 만족하여 무사안일에 빠져서는 안 된다. 당대唐代의 무사선無事禪에 대한 비판이라고도 할 수 있다.

⑧ 부득향거기처승당의 사례로서는 다음을 들고 있다.

---

75 圓悟云, 不疑言句是爲大病.(『구자무불성화간병론』, 한불전 권6, 70a)
76 德山云, 無心於事, 無事於心, 虛而靈, 空而妙.(『구자무불성화간병론』, 한불전 권6, 70a)

불안청원佛眼淸遠선사가 말하기를 "사량思量하려고 한다면 언제 깨달을 수 있겠는가? 하지만 사량하지 않는다면 끝내 거칠 것이다. 사량하고 사량하지 않는 것을 모두 부숴버리면, 번뇌가 모두 없어져서 본성이 항상 드러날 것이다."[77]

원래 십종병은 대혜종고가 화두를 참구할 때의 주의점을 8가지로 정리한 것을 지눌이 ⑨ 부득작진무지무복도와 ⑩ 부득장미대오를 더하여 10가지로 한 것이다. 여기에 혜심이 십종병의 사례를 구체적으로 들어서 밝힌 것이다.

한편으로 혜심은 "요즈음 사람들이 가장 걸리기 쉬운 병은 ⑤~⑩이고, 십종병을 간략히 하면 유심有心·무심無心·어언語言·적묵寂默의 4개에서 벗어나지 않고, 그것을 더 간략히 하면 사의思議·불사의不思議의 2개에서 벗어나지 않는다"고 부언하기도 한다.

2) 혜심의 심心 이해

혜심은 무심無心이 되기를 강조한다. 그리고 무심이 되는 가장 좋은 방법이 바로 간화선이라고 한다. 그런데 혜심의 심에 대한 이해는 영명연수의 『종경록』에 영향 받은 바가 대단히 크다. 사실

---

77 如佛眼云, 擬思量何劫悟. 不思量, 終莽鹵. 欲思不思踏破時, 萬里無雲常現露. (『구자무불성화간병론』, 한불전 권6, 70a)

지눌도 무심합도문無心合道門을 이야기하고 있는데, 이때의 무심합도문도 『종경록』에서 영향을 받았다고 생각된다. 『법집별행록절요병입사기』에서 지눌은 다음과 같이 말한다.

> 선문禪門에는 또 정혜定慧를 닦는 이외에 무심無心으로 도에 합하는 문이 있는데 간략히 여기에 기록하여 교敎를 배우는 사람들로 하여금 격외의 일문을 알아서 바른 믿음을 내게 하려고 한다. 예를 들면 『종경록』에 말하기를,
> Ⓐ "전에 서술한 바와 같이, 안심安心의 문에 바로 상응하는 데는 정혜定慧보다 나은 것이 없다. 정定이란 자심의 체體요, 혜慧는 자심의 용用이다. 정이 혜에 즉하기 때문에 체는 용을 떠나지 않고, 혜는 정에 즉하기 때문에 용이 체를 떠나지 않는다. 이를 둘 다 차단하면 하나도 없지만, 둘 다를 비추면 모두 존재한다. 체용이 함께 이루어지면 차단함과 비춤이 장애가 없다. 이 정혜의 두 문은 수행의 요체요 불조佛祖의 대지大旨이며, 모든 경론에서 말하고 있는 바이다."
> Ⓑ "지금 조사의 가르침에 의하면 또 하나의 문이 있으니 가장 중요한데, 이른바 무심이다. 어째서인가? 만약 유심有心이면 불안하고 무심無心이면 스스로 편안하기 때문이다. 선덕先德이 게를 읊기를 '마음과 더불어 짝이 되지 말라. 무심이면 마음이 저절로 편안해질 것이다. 만약 마음을 가지고 짝이 되면 작동하는

순간 마음에 속게 된다.'"

ⓒ "그러므로 아난은 유有에 집착해서 의거할 바가 없었으므로 7처에 망연하였고, 2조 혜가는 무無를 깨달아서 저절로 편안해지고 언하에 도를 이루었다. 만약 무심의 종지를 바로 깨닫지 못하면, 비록 번뇌를 굴복시켜도 불안한 상相은 항상 나타난다. 만약 무심을 요달하면 어디서나 장애가 없어서 대처해야 할 번뇌도 없으니 무슨 제거하려는 노력이 필요하겠는가? 또 정情을 낳는 일념도 없으니 번뇌심을 잊는다는 노력도 필요치 않다."[78]

Ⓐ Ⓑ ⓒ는 모두 『종경록』 권45에 나오는 영명연수의 말로서, Ⓐ는 정혜定慧의 중요성을 말하고 있고 Ⓑ는 무심無心을 강조한 것이다. 그리고 ⓒ는 아난阿難은 유심이었기 때문에 깨닫지 못한 반면, 2조 혜가慧可는 무심으로서 바로 안심의 경지에 이를 수

---

[78] 禪門又有修定慧外, 無心合道門, 略錄于此. 令學教者, 知格外一門, 發正信爾. 如宗鏡錄云, 如前所述, 安心之門, 直下相應, 無先定慧. 先明定慧, 後現無心. 定是自心之體, 慧是自心之用. 定卽慧故, 體不離用. 慧卽定故, 用不離體. 雙遮則俱泯, 雙照則俱存. 體用相成, 遮照無礙. 此定慧二門, 修行之要, 佛祖大旨, 經論同詮. 今依祖教, 更有一門, 最爲省要, 所謂無心. 何者. 若有心則不安, 無心則自樂故. 先德偈云, 莫與心爲伴. 無心心自安. 若將心作伴, 動卽被心謾. 所以阿難, 執有而無據, 七處茫然. 二祖體無而自安, 言下成道. 若不直了, 無心之旨, 雖然對治折伏, 其不安之相, 常現在前. 若了無心, 觸途無滯, 絶一塵而作對, 何勞遣蕩之功. 無一念而生情, 不假忘緣之力.(『법집별행록절요병입사기』, 한불전 권4, 748b~c)

있었음을 말하고 있다. 지눌은 연수의 이 구절에 근거하여 "삼학三學 중의 정학定學과 혜학慧學은 유심有心으로 행하는 것이므로 장애가 있지만, 무심無心은 아무런 힘도 들지 않는 경결문"임을 주장하고 있다.

물론 무심의 개념은 비단 연수만이 사용하는 것은 아니므로 지눌의 심心 이해가 전적으로 『종경록』에서 빌려온 것이라고는 할 수 없지만 영향을 받은 것은 부정할 수 없을 것이다. 그런데 혜심은 지눌보다도 훨씬 더 『종경록』의 영향을 많이 받고 있음을 알 수 있다.

(1) 유심有心수행-지관止觀·정혜定慧

혜심의 심 이해를 단적으로 보여주는 것은 유심과 무심의 구별이다. 『진각국사어록』「시청원도인示淸遠道人」에서 혜심은 다음과 같이 말한다.

> 또 (연수가) 말하기를 Ⓐ'일념심이 일어나는 데는 2종의 각覺이 있다. 하나는 유심有心의 입장에서 보면, 일념이 일어나자마자 알아차려서 후념이 상속되지 않게 하여 허물이 되지 않는 것이다.…… Ⓑ두 번째는 무심無心의 입장에서 하면, 처음에 염이 일어날 때 그것이 초상初相이 없음을 알아서 후념이 멸하기를 기다릴 필요도 없는 것이다. 왜냐하면 바로 일념이 생하는 순간도

불가득不可得이기 때문이다.'…… 이는 고인이 토심토로하여 자비를 드리우신 이야기입니다.⁷⁹

Ⓐ Ⓑ 모두 『종경록』 권38에서 연수가 한 말인데, 번뇌가 일어날 때의 두 가지 대처방법에 대해 말하고 있다. 즉 번뇌가 일어나면 바로 그것을 알아차려서 마음을 한곳에 집중[攝心]하여 이를 제압하는 것이 유심수행으로서, 『종경록』에서는 이를 초심범부初心凡夫의 수행⁸⁰이라고 부연설명하고 있다. 반면에 무심수행은 '번뇌가 일어나자마자 번뇌성이 공空함을 알아차리므로 염念이 일어나든지 말든지 개의치 않는 것'으로서 보다 높은 단계의 대처법이라고 할 수 있다.

그런데 유심수행이란 혜심에게 있어서는 교학의 지관·정혜를 가리킨다. 「손시랑구어孫侍郞求語」에서 혜심은 다음과 같이 말한다.

> 수행의 요체는 지관·정혜를 벗어나지 않는다. 제법諸法이 공空함을 비추는 것을 관觀이라 하고, 모든 분별을 그치는 것을 지止라

---

79 又云, 一念心起, 有二種覺. 一約有心者, 察一念才起, 後念不續, 卽不成過.… 二約無心者, 知初起時, 卽無初相, 不待後念更滅. 以正生一念之時, 畢竟不可得故也.… 此是古人, 吐心吐膽, 委曲垂慈底說話也.(『진각국사어록』, 한불전 권6, 27a~b)

80 故約有心說, 以是初行凡夫故.(『종경록』 권38, 대정장 48, 638b)

한다. 지止란 망妄을 깨달아서 그치는 것이지 마음으로 억지로 제어하는 것이 아니다. 관觀이란 망妄을 보아서 깨닫는 것이지 마음을 써서 고찰하는 것이 아니다. 경계에 대하여 움직이지 않는 것이 정定이지 힘써 제지하는 것이 아니다. 성性을 알아서 미혹하지 않는 것이 혜慧이지 힘써 구하는 것이 아니다. 비록 스스로 공부를 점검한다 하더라도 힘을 얻고 얻지 못하는 소식을 알 때라야 된다. 이 이외에 간화일문이 있는데 가장 경절徑截하다. 지관·정혜는 자연히 그 속에 있다.[81]

혜심은 기본적으로는 천태의 지관止觀·정혜定慧수행을 부정하지 않고 있다.[82] 그러나 지관, 정혜수행에 있어서 "마음을 써서 억지로 제압하고 깨달으려고 할 때" 그것은 유심수행으로 흐를 가능성이 있다. 지눌도 정혜가 유심의 측면이 있음을 주장하여 "조종祖宗의 무심합도無心合道는 정혜에 구속도 지 않는다. 왜냐하면 정학定學이란 진리에 부합하도록 마음을 집중하므로 '번뇌를

---

81 修行之要, 不出止觀定慧. 照諸法空曰觀, 息諸分別曰止. 止者悟妄而止, 不在用心抑絶. 觀者見妄而悟, 不用心考察. 對境不動是定, 非力制之. 見性不迷是慧, 非力求之. 雖然自檢工夫, 得力不得力, 消息知時. 乃可耳. 此外有看話一門, 最爲徑截. 止觀定慧, 自然在其中.(『진각국사어록』, 한불전 권6, 40a)
82 혜심이 지관·정혜를 부정하지 않고 있으며 禪敎雙修를 주장하는 『종경록』을 많이 인용하고 있다는 점에서 종래 혜심의 수행법을 看話一門이라고 하는 것은 재고의 여지가 있다.

잊으려는 노력〔忘緣之力〕'이 필요하고, 혜학慧學은 법法을 택하여 공空을 관觀하므로 '제거하려는 노력〔遣蕩之功〕'이 있기 때문이다"[83] 고 하고 있다.

결론적으로 말하면 지눌과 혜심에 있어서 교학의 수행법인 지관, 정혜는 자칫 유심수행으로 흐를 가능성이 있다. 따라서 이보다 한 단계 높은 무심합도문〔看話禪〕을 수행할 필요가 있는 것이다. 하지만 어쨌든 혜심이 지관, 정혜 등의 교학을 부정하는 것은 아니다. 이것은 선교쌍수禪敎雙修를 주장한 『종경록』의 영향을 받고 있다고 생각된다.

(2) 무심無心수행-간화선

혜심은 무심수행을 강조하는데 그 방법은 바로 간화선이다. 무심수행은 연수와 지눌도 모두 강조하고 있으나, 혜심은 「시강종대왕심요示康宗大王心要」에서 무심에 대해 단적으로 설명하고 있다.

이른바 무심이란 마음을 없애지만 마음을 없애는 것도 없고, 또한 '마음이 다 없어진다'는 것도 없다. 이것이 참된 무심이다. 무사無事란 일이 없지만 일을 없앤다는 것도 없고, 또는 '일이

---

[83] 祖宗無心合道者, 不爲定慧所拘也. 何者. 定學者, 稱理攝散故, 有忘緣之力. 慧學者, 擇法觀空故, 有遣蕩之功. (『법집별행록절요병입사기』, 한불전 권4, 748c)

다 없어진다'는 것도 없다. 이것이 참된 무사이다. 만약 사事로서 사事를 제거하면 사事는 점점 많아지고, 마음으로 마음을 없애려고 하면 마음은 도리어 많아진다. 좌우의 갈등을 한 칼에 두 조각을 내어, 앞도 생각하지 않고 뒤도 생각하지 않는 것보다 못하다.[84]

무심이란 지눌이 정혜를 비판하면서 지적한 '번뇌를 잊으려는 노력〔忘緣之力〕'과 '제거하려는 노력〔遣蕩之功〕'이 필요 없는 수행이어야 한다. 한 마디로 말하면 '무수지수無修之修'가 되지 않으면 안 된다. 그리고 그 방법은 '직하直下', '일도양단一刀兩斷'하듯이 점차漸次가 필요 없다.

따라서 무심은 지관, 정혜의 방법으로는 달성할 수 없고 화두를 참구하는 것이 가장 좋다. 앞에서 본 것처럼 혜심은 「시정견도인」에서 다음과 같이 말한다.

이 마음은 중생의 본원입니다. 그러나 망상 때문에 스스로 장애를 입습니다. 만약 망상을 떠난다면 (본심이) 저절로 현전할 것입니다. 망상을 떠나고자 한다면 화두를 참구하는 것보다 좋은 것이

---

[84] 所謂無心者, 無心無無心, 亦無無心盡. 是眞無心. 無事者, 無事無無事, 亦無無事盡. 是眞無事. 若以事遣事, 事事彌增. 將心無心, 心心却有. 不若一刀截斷左右葛藤, 更不思前念後.(『진각국사어록』, 한불전 권6, 24a)

없습니다. '죽비라고 불러도 안 되고 죽비라고 부르지 않아도 안 된다. 말을 내려도 안 되고 말이 없어도 안 되며, 헤아려서도 안 된다.'[85]

혜심은 인간의 마음을 영대靈臺·영각靈覺 등으로 부르고 있다. 이것은 자성청정심自性淸淨心과 동의어로서, 망상에 뒤덮인 자성청정심을 회복하기 위해서는 화두를 참구하는 것이 가장 좋다고 한다.

그런데 유심수행으로서의 지관, 정혜보다 무심수행으로서의 간화선이 보다 높은 단계라고 혜심은 말하고 있지만, 결코 지관·정혜의 교학을 부정하고 있지는 않다. 왜냐하면 『진각국사어록』에서 간화선을 권유할 때는 먼저 『종경록』 등의 경전을 인용하고 그것에 의해서 수행할 것을 권한 후, '그 외에 간화선이 있는데 가장 긴요하다'는 식으로 주장하고 있기 때문이다. 예를 들어 「시청원도인示淸遠道人」을 보면 『종경록』에서의 연수의 말을 인용한 뒤 "이것은 고인이 고구정녕히 자비를 드리우신 이야기입니다. 청원도인은 단지 이에 의해 수행하십시오. 나아가 간화일문이 있는데 가장 묘밀합니다"[86]

---

85 此心是衆生本源. 但以妄想自障. 若離妄想, 自然現前. 欲離妄想, 莫如看話. 喚作竹篦子卽觸, 不喚作竹篦子卽背. 不得下語無語, 不得擬議思量.(『진각국사어록』, 한불전 권6, 36a)

86 此是古人, 吐心吐膽, 委曲垂慈底說話也. 淸遠道人, 但依此修行. 更有看話一門, 甚是妙密.(『진각국사어록』, 한불전 권6, 27b)

고 하고 있고, 「시종민상인示宗敏上人」에서도 『종경록』과 『육조단경』 등을 인용한 후 "만약 여기서 계합하지 못하면 하루 중 사위의四威儀 내에서 화두를 간하십시오"[87]라고 하고 있다. 따라서 결코 혜심이 『종경록』 등의 경전을 통한 체득을 부정하고 있지는 않으며, 간화선은 최후의 가장 궁극적인 수행법이라고 간주하고 있음을 알 수 있다.

(3) 『종경록』이 혜심사상에 미친 영향

961년경에 찬술된 『종경록』은 일찍부터 고려이 수입되어 읽혔으며, 특히 혜심은 『종경록』을 애독하여 1213년에는 『종경촬요宗鏡撮要』를 스스로 간행하였을 정도이다. 그리 길지 않은 『진각국사어록』에서 『종경록』을 36회나 인용한 것은 대단한 홋수이며, 「시대휴상인示大休上人」・「시갈학사示葛學士」・「답양양공答襄陽公」은 대부분이 『종경록』에서 발췌한 것이다.

그렇다면 『종경록』은 혜심에게 어떤 용도로 쓰이고 있는 것일까? 사상적으로 보면 혜심이 『종경록』의 입장을 전면적으로 받아들인 것 같지는 않다. 혜심은 연수와 달리 간화선을 가장 높은 수행단계로 인정하고, 지관·정혜 등의 교학적 수행을 간화선 안에 포섭시키고 있기 때문이다. 하지만 『종경록』이 지대한 영향을 미친 것은 사실

---

87 若也於此不契, 則更向十二時中四威儀內, 看箇話頭.(『진각국사어록』, 한불전 권6, 25b)

이다.

필자는 혜심이 『종경록』을 다음의 두 가지 용도로 사용했다고 생각한다.[88]

첫째는 백과전서적 역할을 한 것이다. 『종경록』은 천태종·화엄종·법상종 등 제종의 경전 중에서 심心에 관한 구절을 광범위하게 수집한 문헌으로 무려 300부 이상의 경전을 인용하고 있다. 혜심은 『종경록』의 구석구석까지 내용을 알고 있었기 때문에, 어디에 자신의 뜻과 부합하는 구절이 있는지도 숙지하고 있었을 것이다. 그러므로 「답양양공答襄陽公」과 같이 편지를 쓸 때에 『종경록』을 옆에 두고서 적당한 구절을 발췌하여 썼다고 생각된다.

두 번째는 선교쌍수禪敎雙修적 경향. 적어도 '심心의 입장에서 제종諸宗을 화회하는' 혜심의 입장은 『종경록』을 통해서 형성되었다. 『종경록』에서 연수는 수행을 강조하면서도 교敎를 인정하여 "그러나 교에서는 초심보살도 모두 비량比量으로 알 수 있으며,

---

[88] 박인석은 연수가 『종경록』을 찬집한 이유로 네 가지를 들고 있다. 그것은 '①道를 추구하는 후학들에게 방편을 제공하기 위해서. ②간략함을 좋아하는 이들을 위해 여러 경론의 핵심(연수에 있어서는 心)적인 내용만을 제공하기 위해서. ③총체적인 것을 붙잡으려는 이들은 개별적인 이치에 밝지 못하므로 개별적인 이치를 제시하여 그들로 하여금 性·相에 두루 통하게 하기 위해서. ④이미 사라진 전적이나 아직 사라지지 않은 전적의 내용을 보존하기 위해서'라고 한다.(박인석, 「영명연수 종경록의 一心사상 연구」, 연세대학교 박사학위논문, 2010), p.46.

또한 '교에 의거하여 이해함'도 인정하였으니 먼저 듣고 이해하고 믿어 들어간 이후에 생각을 넘어서서 계합하면 같아지게 된다"[89]고 하여 선교쌍수를 주장하고 있다. 이것은 후대의 사상가들이 모두 인정하는 바이다. 혜심이 선교쌍수라고 분명히 말하고 있는 것은 아니지만, 결단코 간화선일문만을 주장하는 것은 아니며 교학을 부정하는 것도 아니다. 혜심은 교와 선을 양익兩翼으로 하는 선교쌍수를 주장하고 있는데, 이는 『종경록』의 영향을 받은 것이라고 생각된다.

---

[89] 且教中所許, 初心菩薩皆可比知. 亦許約教而會. 先以聞解信入, 後以無思契同.(『종경록』 권2, 대정장 48, 423b)

5. 고려 중기의 위앙종·조동종 선풍

사실 고려 초·중기까지는 중국의 오가五家가 대부분 들어와 있었다. 우선 구산선문이 성립되는 10세기 중반까지는 임제종·위앙종·조동종이 들어와 있었고, 10세기 중반~11세기에 이르면 법안종이 수입되게 된다. 하지만 그 이후에 임제종을 제외한 위앙종潙仰宗·조동종曹洞宗 등의 종풍이 어떻게 전개되었는지를 알 수 있는 자료는 많지 않다. 그런데 보조지눌과 진각혜심이 중심이었던 고려 중기에도 위앙종과 조동종의 가풍이 남아 있었음을 증명하는 문헌이 있으니, 바로 정각국사靜覺國師 지겸(志謙, 1145~1229)이 편찬한 『종문원상집宗門圓相集』과 일연(一然, 1206~1289)이 저술한 『중편조동오위重篇曹洞五位』이다.

1) 『종문원상집』

지겸은 11세에 득도得度하여 1193년 삼중대사三重大師, 1196년 선사禪師, 1204년 대선사大禪師에 임명되고, 1213년에는 왕사에 임명되는 등 출세의 가도를 달린 인물이다. 특히 최충헌은 자식인 이怡를 지겸에게 출가시키고 있는데, 그가 최충헌의 뒤를 이어 집권하는 최이崔怡이다. 이와 같이 지겸이 당대 선종의 주요인물로서 출세가도를 달리는 것과 대조적으로, 지눌은 최씨정권과는 가깝지 못하였고 수도인 개성開城에 올라간 적도 없었다. 따라서 지눌이 생존할 당시에 고려 불교교단의 중심은 지겸이었다고 해도 좋을 것이다.

지겸이 편찬한 것이 『종문원상집』인데, 이 책은 중국 당唐대의 남양혜충(南陽慧忠, ?~775)부터 북송의 목암선경(睦庵善卿, 생존연대 미상)에 이르는 46명의 조사들에 의한 원상圓相의 기연을 모은 것이다. 현재 남아 있는 판본은 1219년(貞祐 7)에 화장사華藏寺에서 간행한 것이 유일한데, 여기에는 수선사 제3세인 소융몽여小融夢如의 발이 붙어 있다. 따라서 당시 조계종의 중심이었던 수선사와 『종문원상집』이 깊은 관계가 있다는 점이 증명된다. 『종문원상집』은 지겸이 중국문헌에서 원상에 얽힌 기연을 발췌한 것이므로 지겸의 사상이 직접 드러나 있는 것은 아니지만, 원상에 관련된 것만을 엮었다는 것 자체가 지겸의 사상 경향을 드러내는 것이라고 볼 수 있다.

『종문원상집』과 관련해서는 다음의 두 가지 문제가 주목된다. 첫째는 순지順之와의 관련성이다. 순지는 858년에 중국에 유학하여 앙산혜적仰山慧寂에게 사법하고 위앙종의 선법을 해동에 전한 인물이다. 순지의 사상은 『조당집』 권12 「오관산서운사순지전五冠山瑞雲寺順之傳」에 전하는데, 『조당집』은 원래 952년에 중국에서 편찬되었으나 전하지 않다가, 신라의 선승들에 대한 전기傳記를 증보하여 1245년에 고려에서 재간되었다. 이때 순지의 전기와 사상도 들어가게 되었다고 생각된다. 그런데 문제는 신라의 다른 선승들의 전기는 비문碑文에 기초해서 간략히 다루고 있지만 순지에 대해서는 권12 전부를 차지할 정도로 상세하게 다루고 있다는 사실이다. 이것은 『조당집』을 재간할 당시의 고려에 위앙종의 세력이 컸다는 사실을 의미할지도 모른다.

한편 『조당집』 권12 「오관산서운사순지전」의 기록이 『종문원상집』에 거의 그대로 옮겨져 있다. 이는 지겸과 순지가 법계상 관련이 있었을 가능성을 시사한다. 지겸이 『종문원상집』을 편집한 화장사華藏寺는 개성開城 인근의 사찰로서, 순지가 거주하였던 오관산 서운사와는 지척의 거리에 있다. 순지와 지겸의 관계에 대한 보다 깊은 연구가 요망된다 하겠다.

둘째는 원상圓相의 의미에 대한 문제로서, 선문에서는 예부터 원상을 그림으로써 진리나 마음을 드러내고자 하였다. 예를 들면 『종문원상집』에는 다음과 같이 기록되어 있다.

> 마조는 어떤 승이 참학하러 오자 원상을 그리고는 말하기를 '들어와도 때릴 것이고 들어오지 않아도 때릴 것이다'고 하였다. 승이 원 안으로 들어오자마자 곧 때렸다. 그러자 승이 말하기를 '스님께서는 저를 때려서는 안 됩니다.' 마조는 주장자에 기댄

채 그만 두었다.[90]

사실 원상을 그려서 법을 보이거나 제자를 제접하는 것은 위앙종뿐만이 아니라 석두희천石頭希遷 계통에도 보이며, 특히 마조도일馬祖道一 이후에 많이 나타나는 현상이다. 그렇다면 그 문화적 배경은 무엇일까?

마조도일 이후의 중국선의 특징 중의 하나는 방棒·할喝 등의 기관機關을 많이 사용한다는 것이다. 마조도일 이전에는 경전의 가르침을 통해서 제자를 가르쳤다면 그 이후에는 '눈이나 귀로 직접 지각할 수 있는 방편'을 사용하였다. 송대 이후에 유행하는 시문학이나 공안의 사용도 이의 연장이라고 할 수 있을 것이다. 이와 같이 '심벌symbol'이나 '이미지image'를 가지고 표현하는 것이 마조선 이후의 특징이다. 원상도 이러한 표현방법 중의 하나였을 것이다. 원상을 선종에서 사용한 다른 예도 존재하는데 십우도十牛圖·조동오위도曹洞五位圖 등이 그것이다.

『종문원상집』에 등장하는 것은 원상만이 아니다. 원상 안이나 밑에 인人·우牛 등의 글자를 써넣는다든지 해서 이해하기 어려운 내용이 많다. 현재 '선문에서 원상을 사용하게 된 계기가 무엇인지', '어떤 의도로 원상을 사용하였는지' 등에 대해서 해명해야 할 문제들

---

90 馬祖因僧叅次, 乃畫圓相○云, 入也打不入也打. 僧纔入, 祖便打. 僧云, 和尙打某甲不得. 祖靠柱杖休去.(『종문원상집』, 한불전 권6 72b)

이 대단히 많다. 필자는 『주역周易』의 그림이나 성리학의 태극도太極圖 등과의 관련성을 생각하고 있다.

2) 『중편조동오위』

『중편조동오위重編曹洞五位』는 일연(一然, 1206~1289)의 저술로서 1256년(高宗 43)에 두륜산頭輪山 길상암吉祥庵에서 간행한 것이다. 종래 책명만 전해오고 잃어 버렸던 것으로 간주되어 오다가, 민영규閔泳珪가 일본 경도대학교京都大學校에 소장되어 있는 1680년(숙종 6) 간본의 이 책이 일연의 저술임을 밝혀냄으로써 세상에 알려진 귀중한 문헌이다.

이 책은 중국 선종의 일파인 조동종曹洞宗의 오위설五位說에 대하여 일연이 주註를 보완하여 엮은 것이다. 조동오위설이란 중국의 동산 양개(洞山良价, 807~869)가 제창한 편정오위설偏正五位說을 말한다. 정중편正中偏·편중정偏中正·정중래正中來·편중지偏中至·겸중도兼中到 등의 오위에 조산본적(曹山本寂, 840~901)이 주註를 덧붙임으로써 조동종의 중심사상이 된 것이다. 일연은 이 오위설의 편정偏正에 각각 군신君臣을 대비시켜 군신오위설君臣五位說로 설명하고 있다. 또한 조동종의 최고극치를 제5 겸대위兼對位라고 보았는데, 이것은 바로 '군·신·도합都合의 경지'를 나타낸다고 해석하였다.

이상으로 『종문원상집』과 『중편조동오위』를 통해서, 고려 중기에는 선문에 조동종과 위앙종의 가풍이 남아 있었음을 알 수 있다. 그런데 『종문원상집』을 편찬한 지겸은 왕사를 지낸 조계종의 선사였고, 『중편조동오위』를 저술한 일연도 조계종 가지산문의 승려였다. 그렇다면 '왜 조계종 승려가 위앙종이나 조동종의 사상이 담긴 책을 저술하는가?' 하는 의문을 품을 수도 있다. 그러나 조계종이 임제종의 성격을 강하게 가지게 되는 것은 고려 말 이후이며, 고려 중기까지는 다양한 가풍을 지니고 있었다고 해야 할 것이다.

IV 장

임제종 중심주의 - 여말삼사의 선사상

제3기는 시기적으로는 무신정권이 끝나(1270년) 원元 지배기에 들어가는 13세기 중반부터 고려왕조가 막을 내리는 14세기 말에 해당된다. 이 시기의 고려불교는 몽골의 압제 아래서 정치에 간섭한 몽골의 불교제도가 수용되어 승정이 문란해졌다. 우선 종래 명예직에 불과했던 국사·왕사에게 승정을 주관하게 함으로서 많은 폐단을 낳았는데, 예를 들어 공민왕대에 보우普愚가 왕사가 되자 승려들이 앞 다투어 뇌물을 바치고 제자가 되려고 했다고 한다. 또 승려들의 세속화가 심해져서, 승려들은 엄청난 전지田地와 노비를 소유하는 데 그치지 않고 이를 밑천으로 상업과 고리대금에까지 손을 대었다. 이러한 불교교단의 부패상은 결국 고려 말 성리학자들에 의한 배불의 원인이 되었다. 종파로서는 선종이 중심이었는데, 충선왕 이후 왕실의 후원을 받은 천태종과 법상종에 밀려 고세가 잠시 약화된 때를 제외하고는 고려 말까지 선종의 영향력이 지속되었다. 사상적으로는 지눌·혜심 이래 간화선 중시의 경향이 한층 강화되었고, 화두 중에서 특히 무자공안을 많이 참구하게 되었다.

   13·4세기의 동아시아는 대원大元 울루스를 중심으로 한 교류가 대단히 성행하였는데, 불교계에서도 고려·일본의 승려들과 원의 승려들이 상호 왕래하였으며, 출판물의 간행과 유통도 활발하였다.

특히 고려 선종은 원대 불교의 영향이 컸는데, 몽산덕이(蒙山德異, 1231~1308?)와 고봉원묘(高峰原妙, 1238~1295)의 영향을 많이 받았다. 몽산덕이의 경우는 1297년에 충렬왕의 공주인 정령원공주靖寧院公主 묘지妙智 등 10여 명이 휴휴암休休庵을 방문하는 등 직접적으로 교류하였을 뿐만 아니라, 『몽산법어蒙山法語』, 『몽산화상육도보설蒙山和尙六度普說』 등이 간행되는 등 큰 영향을 미쳤다. 또 고봉원묘의 경우 직접적인 교류의 증거는 없으나 『고봉화상선요高峰和尙禪要』가 빈번하게 간행되었다.

한편 원대에는 깨달음을 얻은 후에 본색종장本色宗匠에게 인가를 받는 것이 유행이었는데, 고려에서도 원의 선승으로부터 인가를 받는 풍조가 성행하였다. 대표적인 인물이 여말삼사麗末三師로 불리는 태고보우(太古普愚, 1301~1382)·나옹혜근(懶翁惠勤, 1320~1376)·백운경한(白雲景閑, 1299~1375)이다. 보우와 경한은 각각 1346년과 1351년에 원에 유학하여 석옥청공(石屋淸珙, 1272~1352)에게서 인가를 받았으며, 나옹은 1350년에 유학하여 지공指空과 평산처림(平山處林, 1279~1361)의 법을 전수받았다. 이와 같이 원의 선승으로부터 인가를 받는 풍조는 당시의 활발했던 동아시아 각국의 문화교류에 말미암는 것이겠지만, 귀국승들이 나중에 국사·왕사가 되는 등 조정으로부터 큰 후의를 받았으므로 출세를 위한 방편이기도 하였다.

1. 태고보우

태고보우(太古普愚, 1301~1382)는 13세에 조계종 가지산문迦智山門의 광지廣智선사에게 출가하였다. 처음에는 화엄을 공부하였으나 곧이어 선을 참구하여 생애 4번의 깨달음을 경험하였다고 한다. 46세 때인 1346년에 원에 건너가 석옥청공石屋淸珙에게 인가를 받고 2년 후에 귀국하였다. 권문세족인 홍주홍씨洪州洪氏 출신으로 친원파親元派였는데, 공민왕의 정치개혁 때 신돈(辛旽, ?~1371)의 등용을 반대하였다. 신돈이 집권하자 속리산에 감금당하기도 하였으나 신돈의 실각 후 복귀하여 국사가 되었다. 저술로는 제자가 편집한 『태고화상어록太古和尙語錄』 2권이 있다. 보우의 사상적 특징을 정리하면 다음과 같다.

1) 임제선법의 전래

보우는 충목왕(忠穆王, 1344~1348 재위) 2년(1346) 봄에 원으로 건너가는데, 그 주목적은 중국의 선승들을 만나 인가를 받는 것이었다. 그는 연도(燕都, 지금의 北京)를 거쳐 다음해 4월 남소南巢의

축원성竺源盛선사를 찾아갔으나 이미 세상을 떠난 뒤였으므로, 다시 호주湖州 하무산霞霧山에 있던 석옥청공을 만나서 태고암가太古庵歌를 바치고 인가를 받게 되었다. 이때 석옥청공에게서 받은 태고암가의 발문이 『태고화상어록』에 실려 있는데 다음과 같이 기록되어 있다.

병술년 봄에 고국을 떠나 이곳 대도에 이르자, 먼 길의 고생도 꺼리지 않고 자취를 찾아오다가, 정해년 7월에 나의 돌산 암자에 이르러서는 고요히 서로를 잊은 듯 반달동안 도를 이야기하였다. 그의 행동을 보면 침착하고 조용하며, 말을 들으면 분명하고 진실하였다. 이별할 때가 되어서 전에 지었던 태고가를 내어 보였는데, 내가 그것을 밝은 창앞에서 펴놓고 완미하였더니 늙은이의 눈이 한층 밝아졌다.[91]

석옥청공은 당시 중국 강남 불교계의 중심이었던 임제종 호구파虎丘派의 승려로서, 급암종신(及庵宗信, 생몰연대 미상)의 제자였다. 따라서 전법傳法상에서 보면 보우는 중국 임제종의 적자嫡子라 할 수 있을 것이다. 보우를 한국 조계종의 중흥조로 간주하는 것은

---

91 丙戌春, 出鄕至大都, 不憚路途勞役, 尋跡而來. 丁亥七月, 到余山石菴, 寂寞相忘, 道話半月. 觀其動靜安詳, 聽其言語諦實. 將別前出示向者所作太古歌, 余乃淸窓展翫, 老眼增明.(『태고화상어록』, 한불전 권6, 683a)

전법계보상에서 하는 말이다.

그러나 사상적인 측면에서 볼 때 보우가 과연 석옥청공의 영향을 받았는가는 문제가 된다. 왜냐하면 보우는 도원渡元했을 때 이미 46세였고, 국내에서 4번의 깨달음을 통해 자신의 견처를 확립하고 있었기 때문이다. 나아가 보우는 석옥청공과 반달밖에 같이 지내지 않았으며 그조차도 우연적인 만남이라고 할 정도였다.

원래 보우는 13세 때에 조계종 가지산파의 광지廣智선사에게 출가하였다. 따라서 그는 가지산파에 소속된 승려였다. 19세 때 만법귀일萬法歸一화두를 참구하였고, 그 후에는 무자화두를 참구하여 크게 깨닫고 오도송을 지었으며, 마침내 1,700공안 중의 암두밀계처巖頭密啓處에 이르러 마지막 4번째의 깨달음을 이루었다. 그러므로 보우는 원에 들어가기 전에 이미 고려의 간화선에 의해 선사상을 확립하였다고 보아도 좋을 것이다.

2) 간화선 사상

이와 같이 보우가 원에 건너가기 이전에 이미 간화선을 체득하고 있었다 하더라도 지눌의 간화선과는 다른 점이 있었다. 지눌이 간화선을 강조하면서도 하택신회와 규봉종밀·이통현 등의 교학을 기반으로 한 것에 비하여 보우는 철저히 간화선관을 강조하였다. 특히 그는 무자공안을 참구할 것을 주장하였는데,『태고화상어록』

「시중示衆」에는 다음과 같이 기록되어 있다.

> 법좌에 올라서 들기를, 어떤 승이 조주선사에게 묻기를 '개에게도 불성이 있습니까?' 조주가 답하기를 '없다.' 이 무자는 마치 한 알의 환단還丹과도 같아서 쇠를 금金으로 변하게 할 수도 있다. 이 무자를 들기만 하면 삼세제불의 면목을 뒤집어낸다. 여러분들은 긍정하는가? 만약 믿지 못하면 큰 의심 하에서 신심身心을 놓아버려 마치 만길 절벽에 떨어진 것처럼 해야 한다. 또 추측하고 사량하는 것이 없어서 죽은 사람처럼 해야 한다. '이럴까 저럴까' 하는 생각을 버리고 단지 무자無字를 제기하여, 하루 중 사위의 내에서 화두를 생명줄로 여겨야 한다.[92]

무자화두는 지눌이나 혜심도 강조했던 것이지만 보우에 이르러서 확고한 것으로 되었다. 보우가 때때로 만법귀일萬法歸一화두를 권하지 않는 것은 아니지만 『태고화상어록』 전체의 경향을 볼 때 무자공안에 대한 강조는 확실하다 하겠다.

---

[92] 陞座擧, 僧問趙州, 狗子還有佛性也無. 州云, 無. 這箇無字, 如一粒還丹相似, 點鐵卽成金. 才擧箇無字, 三世諸佛面目, 掀翻出來. 儞等諸人, 還肯也無. 若未肯信, 於此大疑之下, 放下身心, 如墮萬仞崖下時相似, 無計較沒商量, 如大死人相似. 放捨如何若何之念, 單單提箇無字, 於十二時中四威儀內, 只與話頭爲命根.(『태고화상어록』, 한불전 권6, 676b)

3) 정토사상

불교가 국교였던 고려시대에는 장례에 있어서도 불교식 장례법인 화장火葬을 주로 하였고, 화장을 집행하는 사람도 승려인 경우가 많았다. 고려 초기의 승려들은 주로 다른 승려나 단월檀越의 화장을 담당하는 데 그쳤지만, 고려 중기 이후 요·금·원에 의한 침략과 전염병의 만연 등으로 사망자가 증가하자 장례에 있어서의 승려의 역할이 증대되었다.[93] 특히 고려 중기 이후에는 매골승埋骨僧이 존재하였는데, 전쟁 등으로 사망한 무연고시신을 화장한 후 유골에 대한 수습을 담당하였다. 이들은 때로는 동서대비원東西大悲院에 소속되어 녹봉을 지급받기도 하였다. 신돈(辛旽, ?~1371)도 한때 매골승이었다고 하는 기록이 있다.[94]

이와 같이 고려시대에 화장이 일반화되면서 승려들이 천도재薦度齋를 지내게 되고, 또 천도재를 지낼 때 서방정토왕생을 기원하거나 염불을 하는 것은 자연스러웠을 것이다. 따라서 보우도 염불을 했을 것으로 생각되지만, 그의 정토사상을 알 수 있는 자료는 『태고화상어록』속의 「시낙암거사염불약요示樂庵居士念佛略要」와 「시백

---

[93] 정영식, 「고대~임진왜란에 있어서의 불교식위령과 국가」, 불교연구 39, 2013 참조.

[94] 旽初爲埋骨僧, 玄陵朝濫受領都僉議, 時人以老狐目之.(『동문선』 권16, 李達忠의 七言律詩 辛旽)

충신거사법어示白忠信居士法語」 2개밖에 없다. 이 자료에 근거해서 보우의 정토관을 살펴보면, 보우가 염불 자체를 부정한 것은 아니지만 어디까지나 유심정토唯心淨土를 주장하고 있음을 알 수 있다.

> 만약 상공께서 진실로 염불을 하려고 하신다면, 그저 곧바로 자성미타自性彌陀를 생각하여 하루 종일 행주좌와 무엇을 하시든지 간에 아미타불의 이름을 마음속과 눈앞에 두어야 합니다.……그러면 불현듯 생각이 끊어지고 아미타불의 참된 본체가 우뚝 나타날 것이니, 이때가 되어야만 비로소 '본래부터 변하지 않고 있던 그것을 부처라고 하는구나'라고 한 것을 믿을 것입니다.[95]

여기서 보우가 말하는 염불은 칭명염불稱名念佛이 아니라 관상염불觀想念佛에 가까우며, 또 '홀이지간忽爾之間, 심념단절心念斷絶'은 화두가 타파될 때의 모습을 묘사할 때 주로 사용하는 표현이다. 따라서 보우는 유심정토를 주장하는 정통 선자이면서 동시에 간화선의 입장에서 정토사상을 수용하고 있다고 할 수 있을 것이다. 이러한 사실은 그가 염불을 공안의 일종으로서 사용하고 있는 것에서도 알 수 있다. 「시백충신거사법어」에서 보우는 다음과 같이

---

[95] 若相公眞實念佛, 但直下念自性彌陀. 十二時中四威儀內, 以阿彌陀佛名字, 帖在心頭眼前.… 則忽爾之間, 心念斷絶, 阿彌陀佛眞體, 卓爾現前. 當是時也, 方信道舊來不動名爲佛.(『태고화상어록』, 한불전 권6, 679c)

말한다.

> 아미타불의 이름을 마음속에 두어 언제나 잊지 말고 생각과 생각 사이에 끊임없이 간절히 참구하십시오. 만약 생각이 다하고 뜻조차 다하거든 '지금 생각하는 자가 누구인가?' 하고 돌이켜 생각해 보십시오. 또 '이렇게 돌이켜 생각할 수 있는 자는 또 누구인가?'를 관찰하십시오. 이렇게 엄밀하고 자세하게 참구하여 이 마음이 홀연히 끊어지면 자성미타가 우뚝 나타날 것입니다. 아무쪼록 애쓰고 또 애쓰십시오.[96]

여기서 보우는 염불을 하다가도 때때로 '염불을 하는 자는 과연 누구인가?'를 화두로 삼아 참구할 것을 권하고 있다. 그래서 만약 이 화두가 타파되면 바로 자성미타가 드러날 것이라고 주장하는 것이다. 어쨌든 「시낙암거사염불약요」와 「시벽충신거사법어」 모두 재가신자에게 보낸 편지임에도 불구하고 서방정토왕생을 설하지 않고 유심정토를 강조한 것은 정통 선자로서의 면목을 보인 것이라 할 수 있다.

---

[96] 阿彌陀佛名, 當在心頭, 常常不昧, 念念無間, 切切叅思 切切叅思. 若思盡意窮, 則返觀念者是誰. 又觀能恁麼返觀者又是阿誰. 如是密密叅詳, 密密叅詳, 此心忽然斷絶, 卽自性彌陀, 卓爾現前. 勉之勉之. (『태고화상어록』, 한불전 권6, 680a)

4) 교단개혁

보우는 원에서 귀국한 뒤 공민왕(恭愍王, 1351~1374 재위)의 후의를 받았다. 공민왕은 즉위 초부터 반원反元정책을 실시하는 등 국정개혁을 단행하였는데, 그 대상에는 불교교단도 포함되어 있었다. 1356년(恭愍王 5)에 공민왕은 보우를 왕사에 임명하였는데, 임명 직후 개경의 광명사光明寺에 원융부圓融府를 설치하여 보우에게 승정에 대한 전권을 위임하였다. 보우의 행장에 의하면, 보우는 당시의 구산선문이 서로 대립하고 있음을 비판하면서 일문一門으로 통합시킬 것을 건의하였다. 또 이를 위해서『칙수백장청규勅修百丈淸規』의 간행을 주청하였다고 한다.

『칙수백장청규』는 원나라 순제(順帝, 1333~1368 재위)의 명령에 의해 동양덕휘(東陽德輝, 생몰연대 미상)가 편집한 것으로 그 이전의 여러 청규를 종합한 것이다. 과거의 청규들 중에서 가장 정비가 잘 되었다고 일컬어지며, 전체는「축리祝釐」「보본報本」「보은報恩」「존조尊祖」「주지住持」「양서兩序」「대중大衆」「절랍節臘」「법기法器」의 9장으로 이루어져 있다.『칙수백장청규』의 특징은 국가주의적 성격을 현저히 드러낸 것인데, 첫머리에 국가의 안녕을 비는「축리」를 두고 있고,「보은」에서도 국은國恩을 강조하고 있다. 이와 같이 보우는『칙수백장청규』의 간행을 통해 불교교단을 일신하고 공민왕의 개혁정책에 힘을 보탰던 것이다.

한편 보우는 『치문경훈緇門警訓』을 간행하고 이에 대해 서문을 쓰기도 하였는데, 『치문경훈』은 「시중示衆」 「경책警策」 「훈계訓戒」 「잠언箴言」 등의 구성에서 알 수 있듯이 '수행자들이 지켜야 할 기본덕목'을 서술한 책이다. 결국 보우는 『치문경훈』과 『칙수백장청규』의 간행을 통해서 수행자들의 자질을 향상시키고 교단의 규율을 정비하고자 했던 것이다.

보우의 이와 같은 교단개혁은 성공하지 못하였다. 왜냐하면 왕사가 된 바로 다음해인 1357년에 왕사를 그만두고 있기 때문이다. 그 후 1371년에 다시 국사에 임명되었으나 공민왕이 1374년에 사망함으로서 그의 교단개혁은 미완으로 끝나고 말았다.

2. 나옹혜근

나옹혜근(懶翁惠勤, 1320~1376)은 속성이 아⽛씨이고 이름은 원혜 元惠이다. 20세에 요연법명了然法明선사에게 출가하였으며, 이후 명산대찰을 편력하다가 양주揚州 회암사檜巖寺에서 4년간 수도한 끝에 깨달음을 얻었다. 28세인 1347년에 원에 유학하여, 먼저 연도 燕都의 법원사法源寺에 있었던 범승 지공指空을 참학하였고, 강남지방을 유력하여 평산처림平山處林・천암원장千巖元長・설창오광雪窓悟光 등 당대의 유력한 선승들과 교유하였다. 1358년에 귀국한 뒤 공민왕의 후의를 받았고 1371년(52세)에 왕사가 되었다. 57세에 회암사의 주지가 되어 전각殿閣을 중수하였는데 낙성식 때 많은 사람들이 모였다는 것을 빌미로 탄핵을 받아 밀양密陽의 영원사瑩源寺로 이동하던 중 입적하였다. 저서로는 『나옹화상가송懶翁和尙歌頌』 및 『나옹화상어록懶翁和尙語錄』 1권이 있다.

1) 범승 지공의 영향

전통적인 법통설에 의하면 나옹의 스승은 원나라의 임제종 승려인

평산처럼으로 되어 있지만, 실질적으로는 지공의 가르침을 훨씬 오래 받았고 나옹 스스로도 만년에 지공의 선양사업에 몰두했을 정도로 지공을 존경하였다. 따라서 지공의 선사상이 나옹에게 어떠한 영향을 미쳤는가 하는 것은 나옹의 선사상을 규명하는 데 있어서 중요한 관건이다.

지공(指空, 1300?~1363)은 인도 출신의 승려로서 스리랑카를 거쳐 원에 들어가 활동하다가 1326년(충숙왕 13년)에 고려에 들어온다. 그 후 1328년 겨울에 원으로 돌아가기까지 수도인 개경·금강산·통도사 등지에서 계단戒壇을 설하여 수계授戒하는 등 사람들의 존경을 받았는데, 고려인들은 그를 '석가의 환생'이라고 생각했다고 한다. 그는 원에 돌아간 뒤에도 고려와 깊은 관계를 유지했는데, 고려인의 후원으로 건립된 연도燕都의 법원사法源寺에 거주했을 뿐만 아니라 나옹혜근·백운경한·무학자초 등 많은 고려승들이 가르침을 받기 위해 방문하였다. 이 중에서도 나옹이 가장 오랜 기간 동안 지공의 곁에 머물면서 가르침을 받았다는 사실에서 나옹에 미친 지공의 영향을 짐작할 수 있다.

지공은 계·정·혜의 삼학三學을 모두 중시하였는데, 그의 선사상은 당시의 임제종과는 달랐음을 알 수 있다. 그의 선사상을 알 수 있는 자료인 『불조전심서천종파지요』(佛祖傳心西天宗派旨要: 指空和尙禪要錄이라고도 한다)의 서문에서도 지공의 문파가 달마와는 다른 계통임을 다음과 같이 서술하고 있다.

연후에 험난함을 무릅쓰고 남천축南天竺 길상산吉祥山의 보명존
자普明尊者의 주처에 이르러 비밀리에 심인을 전수받고 서천의
108대 조사가 되었다. 그 연원을 보면, 가섭迦葉에서 22대 조사인
마노라摩拏羅존자에 이르러 그 마음을 전한 것이 두 갈래가 있었
는데, 하나는 학륵나鶴勒那존자에서 보리달마菩提達磨에 이르는
것이고, 두 번째는 좌타구나左陀瞿那존자에서 107대조사인 삼만
다비제三曼多毘提존자에 이르는 계통인데, 이가 곧 길상산吉祥山
의 보명普明존자이다.[97]

여기에서 지공의 유파가 임제종의 원조인 달마와는 다른 계통임
을 알 수 있다. 실제로 『선요록』에 나타난 그의 선사상은 원의
임제종과는 다른 것이다. 그의 선사상의 특징은 첫째, 반야주의般若
主義이며, 둘째, 혜능이나 우두선牛頭禪 계통과 유사함을 알 수
있다.

우선 그는 '행주좌와가 참된 선정이 아님'을 밝히면서 선정에
대해서 다음과 같이 말하고 있다.

---

[97] 然後不禪險難, 至南天竺吉祥山普明尊者住處, 密傳心印, 爲西天第一百八祖
矣. 觀其源派, 自迦葉至二十二祖摩拏羅尊者, 傳其心者有二. 一曰鶴勒那尊
者, 傳至菩提達磨. 二曰左陀瞿那尊者, 傳至第一百七祖三曼多毘提尊者, 是則
吉祥山普明尊者也.(『고려로 옮긴 인도의 등불』, 〈부록 I 기본자료〉, p.315에
서 재인용.)

정정定이란 즉卽하지도 떠난 것離도 아니며, 닦을 수도 증득할 수도 없으며, 침묵할 수도 말할 수도 없고, 동動도 아니며 정靜도 아니고, 연좌宴坐도 아니며 번뇌를 떠난 것도 아니다. 또한 삼법〔三法: 敎·行·證〕도 아니며, 삼제〔三際: 과거·현재·미래〕에 주住할 수도 없고, 증득할 수 있는 마음도 없으며 일념도 사려하지 않는다. 정념正念으로 구할 수도 없고 난심亂心으로 좌선할 수도 없다. 여기서 놓을 수 있으면 이것이 바로 선정禪定이다.[98]

여기서 보면 지공이 말하는 좌선이란 행주좌와와 같은 행동에 있는 것이 아니라 '절대적 부정否定의 경지'를 가리킨다고 생각된다. 이것은 공空사상을 특징으로 하는 반야주의와 상통하는 것이다. 실제로 그는 중국 운남雲南의 용천사龍泉寺에서 범자로 『반야경般若經』을 썼고, 나옹에게 준 범자 『반야경』이 근래까지 화장사華藏寺에 존재했으며, 영산현靈山縣의 보림사寶林寺에서 『반야경』을 강론했다고 한다.

둘째로 이러한 지공의 사상은 간화선을 위주로 한 당시의 임제종과는 확실히 다른 것이며, 육조혜능의 원초적 남종선南宗禪에 가까운 것이다. 위에서 지공이 말하는 선정은 『육조단경』에서 혜능이

---

98 定是不卽不離, 無修無證, 無默無言, 不動不靜, 不宴坐不避塵. 又不三法, 不住三際, 無心可證, 一念不思. 不可以正念而求, 不可以亂心而坐. 於中放下, 此卽禪定.(위의 책, p.325)

'밖으로 모든 경계에서 마음집중〔念〕을 떠나지 않는 것이 좌坐이고, 본성을 알아서 어지럽지 않는 것이 선禪이다(外於一切境界上念不去爲座, 見本姓不亂爲禪.)'고 한 것과 다르지 않다. 뿐만 아니라 『육조단경』의 기원은 본래 무상계無相戒에 토대를 두고 있으며, 이것은 지공의 무생계無生戒와 유사성이 있다. 혜능과 그의 제자인 신회에 이르기까지 계정혜의 불가분성不可分性을 강조했고, 『금강경』에 바탕을 둔 반야사상을 고취했다는 점에서도 지공과의 유사성을 발견할 수 있다. 또 지공의 선을 '무심선無心禪'으로 특징짓는 경향이 있는데, 이것은 초기선종의 우두선牛頭禪에서 강조했던 것과 상통한다.

이와 같이 고려 말의 선에 큰 영향을 미친 지공은 조선 초에 이르러서는 점차 생불生佛로 신비화되었고, 그의 행적이 구전되어 설화로 바뀌었다. 김시습(金時習, 1435~1493)은 금강산을 유력遊歷하고 설화화된 그의 발자취를 수록하였으며, 남효온(南孝溫, 1455~1492)은 화장사와 남원을 여행한 시문에서 지공이 남긴 유물에 대해서 수록하고 있다.

2) 임제정종의 고취

혜근의 문인인 각전覺田은 혜근불교의 가풍을 '축도지규祝禱之規, 방할지풍棒喝之風'[99]이라고 표현하였다. '축도지규'란 국왕과 국가를 위해서 기도하고 축성하는 것이며, '방할지풍'은 덕산방德山棒·임제할臨濟喝이라고 해서 임제종의 특징을 단적으로 드러낸 말이다. 덕산방이란 덕산선감(德山宣鑑, 782~865)이 학인들을 지도할 때 자주 몽둥이로 때렸기 때문에 예부터 덕산방이라 하였고, 임제할이란 임제의현(臨濟義玄, ?~867)이 학인의 교화에 자주 할을 사용했기 때문에 임제할이라고 한다. 이와 같이 방할이란 임제종 본연의 모습을 가리키는 용어인데, 혜근의 가풍을 방할지풍이라 한 것은 혜근이 간화선 일변도의 가풍을 지양하고 임제종 본연의 모습으로 돌아가고자 했기 때문이라고 생각된다.

혜근은 종종 임제정종臨濟正宗이라는 표현을 쓰는데, 『나옹어록』「보설」에서는 다음과 같이 말한다.

마음도 아니고 부처도 아니고 물物物도 아니면 결국 무엇인가? 여기서 만약 깨치지 못하면 어찌하여 이 산의 일만이천담무갈一萬二千曇無渴의 진신眞身을 보겠는가?…… 우리 임제정종과는 아무런 관계가 없으니 어찌 (임제정종을) 부흥시키겠는가?…… 이미 임제정종을 부흥시키지 못한다면, 결정코 조용照用·사료간四料揀·사빈주四賓主·사할四喝·삼현삼요처三玄三要處에 있

---

99 吾師之闡法於此, 其祝禱之規, 捧喝之風, 猶夫前日也. 而威儀號令之索爾, 院宇之闃寂, 香火之蕭條, 江月之境平, 沈於野霧矣.(李穡, 『牧隱文藁』 권2, 「天寶山檜巖寺修造記」)

지 않다. 이미 일체처에 있지 아니하면 필경 어느 곳에 있는가? 단지 자신의 분상에 있다. 여러분은 마땅히 자기 분상의 일착자一 着子를 깨달아야 한다.[100]

이 보설은 '일만이천담무갈보살'이라는 표현에서 금강산에서의 보설이라고 생각되는데, 여기서 혜근은 소위 임제종의 핵심어로 간주되는 사료간·사빈주·사할·삼현삼요 등을 임제정종이 아니라고 주장한다. 대신에 '자기 분상의 일착자'를 깨치는 것이야말로 진정한 임제정종이라고 한다.

이와 같이 『나옹어록』 전편에 걸쳐서 자성自性을 깨치기를 강조하는데, 예를 들어 '지차광명只此光明, 시방찰해두새허공十方刹海逗塞虛空, 두두물물주야륙시치연상현頭頭物物晝夜六時熾然常現'[101]이나 '저일점허명這一點虛明, 야불속지수也不屬地水, 야불속화풍也不屬火風……'[102]의 표현 등이 그것이다. 이러한 표현은 『임제록臨濟錄』의 무위진인無位眞人이나 주인공主人公을 연상시킨다. 이와 같이 임제종 본연의 모습으로 돌아가고자 하는 데서 지공의 영향을 느낄

---

100 不是心不是佛不是物, 畢竟是箇什麼. 這裏若不悟去, 爭見此山一萬二千疊無渴眞身.…… 我臨濟正宗, 有甚交涉, 有甚扶起.…… 旣扶不起臨濟正宗, 決定不在照用處, 四料揀四賓主四喝三玄三要處. 旣不在一切處, 畢竟在甚麽處. 只在諸人分上. 諸人當知自己分上一着子.(『나옹어록』, 한불전 6, 715a~b)
101 『나옹어록』 「趙尙書請對靈小祭」(한불전 6, 720b)
102 『나옹어록』 「對上昇大王殯殿小祭」(한불전 6, 721c)

수 있다.

한편 간화선 사상에 있어서는 보우普愚와 큰 차이점이 없으며 무자공안을 강조하고 있음을 알 수 있다. 혜근은 다음과 같이 말한다.

혹은 "무엇이 나의 성품인가?" 혹은 "승이 조주에게 묻기를, 개에게도 불성이 있습니까?" 조주, "없다." 승, "준동함령에 모두 불성이 있는데 어째서 개에게는 불성이 없는 것입니까?" 단지 마지막 일구一句를 가지고 힘을 다하여 제시하라. 제시하고 제시해서 공안이 현전하게 되면 제시하지 않아도 저절로 제시되며, 조용하거나 시끄러운 곳에서도 들지 않아도 저절로 들릴 것이다. 여기에 이르면 의정疑情을 일으키기 좋다. 행주좌와나 옷을 입고 밥을 먹고 똥을 누고 오줌을 누는 일체처에서 온몸이 하나의 의단疑團이 되어 의심해 가고 참구해 가서 신심身心을 통일해서 깨달음을 구하라. 공안 위에서 추측해서도 안 되고 어록과 경전 상에서 구해서도 안 된다. 반드시 탁 하고 끊어져야 비로소 집에 도달한 것이다. 만약 화두가 들리지 않아서 멍하니 아무 맛이 없을 때에는 소리를 작게 하여 연달아 세 번 들어보라. 화두에 힘이 있음을 곧 느낄 것이다.[103]

---

103 或那箇是我性. 或僧問趙州, 狗子還有佛性也無. 州云, 無. 蠢動靈皆有佛性, 因甚狗子無佛性. 只將末 一句, 着力提起. 提來提去, 公案現前, 不提自提.

여기서 보면 혜근의 무자공안 참구법은 대혜종고나 당시의 고려 선승들의 참구법과 차이가 없는 것으로 생각된다. 그러나 '화두가 들리지 않으면 소리를 내어 세 번 연달아 들어보라'는 것이 주목된다. 필자의 생각으로는 이것은 무무무無無無 하고 소리를 내어 들라는 말이며, 특별히 염불공안의 의미는 없다고 본다.

3) 입문삼구와 삼전어

혜근은 1370년 광명사廣明寺에서 공민왕이 몸소 참석한 가운데 공부선功夫選을 주관하여 승려들을 시험하였다. 공부선을 행하기 전에 공민왕이 "무슨 언구로서 공부를 시험할 것인가?" 하고 묻자, 혜근은 "먼저 입문 등의 삼구를 묻고, 다음에 공부십절功夫十節을 물으며, 후에 삼관三關을 묻는다면 공부의 깊고 얕음을 시험할 수 있을 것입니다"[104]고 대답했다고 한다.

실제로는 환암혼수(幻庵混修, 1320~1392)를 제외한 모든 승려들

靜中鬧中, 不擧自擧. 却來這裏, 好起疑情. 行住坐臥, 着衣喫飯, 屙屎放尿, 於一切處, 通身幷作一箇疑團. 疑來疑去, 拶來拶去. 凝定身心, 討箇分曉. 不可向公案上卜度, 語錄經書上尋覓. 直須咩地斷爆地絶, 方始到家. 若是話頭提不起, 冷冷淡淡, 全無滋味, 低低出聲, 連擧三徧. 話頭便覺有力.(『나옹어록』, 한불전 6, 717b)

104 問師曰, 以何言句, 試取功夫. 師答云, 先問入門等三句, 次問功夫十節, 後問三關, 可驗功行淺深.(『나옹어록』, 한불전 6, 707a)

이 입문삼구入門三句에 막혀서 공부십절목과 삼관은 시험하지도 못했지만, 혜근이 입문삼구와 삼관을 중요시했음을 알 수 있다. 혜근이 제시한 입문삼구와 삼관은 다음과 같다.

> 문에 들어오는 구를 분명히 말하라.(入門句分明道) 문에 도달한 구는 어떠한가?(當門句作麽生) 문안의 구는 어떠한가?(門裏句作麽生)[105]

> 산은 어찌해서 산봉우리 근처에서 멈추는가?(山何岳邊止) 물은 어떻게 개울을 이루는가?(水何到成渠) 밥은 어찌하여 흰쌀로 짓는가?(飯何白米造)[106]

삼구는 원래 임제종의 핵심어 중 하나로서 많은 선승들이 독자적인 삼구를 제시했다. 예를 들면 분양삼구汾陽三句·선안도善安道의 삼구·파릉삼구巴陵三句·명안삼구明安三句 등이 그것이다. 그러나 입문삼구는 이와는 성격을 달리하는 것으로, 도에 들어오기 전을 입문入門, 도에 들어올 때를 당문當門, 도에 들어온 뒤를 이문裏門에

---

[105] 『나옹어록』, 한불전 6, 722a

[106] 『나옹어록』, 한불전 6, 655a~b. 혜근의 삼전어는 『나옹어록』에는 실려 있지 않고 『백운경한어록』「懶翁和尙三句與三轉語釋」속에 경한의 해석과 함께 실려 있다. 또 입문삼구에 대한 환암혼수의 답도 「靑龍寺普覺國師幻庵定慧圓融塔碑文」과 『慵齊叢話』에 전한다.

비유해서 표현한 것이다.

그런데 입문삼구는 원래 임제종 분양선소(汾陽善昭, 947~1024)의 「분양오문구汾陽五門句」에서 유래한 것이다. 그것은 다음과 같다.

僧問, 如何是入門句. 汾云, 遠客投知己, 暫坐笑吟吟. 如何是門裏句. 汾云, 四相排班立, 凝情望聖容. 如何是當門句. 汾云, 坐斷千差路, 舒光照萬機. 如何是出門句. 汾云, 擧目望江山, 遍界無相識. 如何是門外句. 汾云, 樵子愛荒郊, 騎牛常扣角.[107]

분양의 오문구에서는 이문구裏門句 → 당문구當門句의 순서이지만, 혜근은 당문구 → 이문구의 순이므로 조금 다르다.

한편 삼전어三轉語는 '미혹함을 뒤집어 깨달음을 얻게 하는 세 어구'를 말하는데 파릉삼전어巴陵三轉語·조주삼전어趙州三轉語 등이 유명하다. 이것도 입문삼구와 마찬가지로 승려들을 시험하거나, 깨달음에 이르게 하기 위한 방편이다. 혜근의 삼전어는 필자의 조사에 의하면 다음의 유래가 있는 것이다.

① 산하악변지山何岳邊止 : 『백운수단선사어록白雲守端禪師語錄』에 보면, "어떤 승이 묻기를 '무엇이 납승의 가풍입니까?' 하니

---

[107] 汾陽五門句(『人天眼目』, 대정장 48, 329a)

수단선사(1025~1072)가 '천봉의 위세는 오악에 이르러 그치고, 만파의 소리는 바다에 이르러 사라진다'[108]고 답하였다."고 있다. 모든 봉우리는 오악五嶽으로 모인다는 것에 기초한 말로 '자연스런 흐름'을 나타낸 것이라고 생각된다.

② 수하도성거水何到成渠: 『경덕전등록』「남탑광용선사조南塔光湧禪師條」에 보면 "어떤 승이 묻기를 '무엇이 묘용의 일구입니까?' 하니 광용(850~938)이 '물이 이르면 개울이 생긴다'[109]고 답하였다"고 있다. 물의 자연스런 작용을 말한 것일 것이다.

③ 반하백미조飯何白米造: 대혜종고(1089~1163)의 『대혜보각선사어록大慧普覺禪師語錄』권22에는 "대혜가 말하기를 '그가 비록 완벽하게 갈등의 소굴을 벗어나지는 못할지라도, 밥은 쌀로 짓고 면은 보리로 만든다는 것은 안다'[110]고 하였다"는 기록이 보인다. '밥은 쌀로 짓는다는 것을 안다'는 것은 누구나 다 알고 있는, 당연한 것이라는 의미일 것이다.

위에서 보면 삼전어의 각각은 독자적인 유래를 가지지만, 이것을 깨달음으로 인도하기 위한 방편으로 삼은 것은 혜근 독자의 것이라고 할 수 있을 것이다. '산을 따라가다 보면 오악에 이르고', '물이

---

108 千峰勢到嶽邊止, 萬派聲歸海上消. (만속장경 X69, 312c)
109 水到渠成. (대정장 51, 294b)
110 渠雖未能赤骨地跳出葛藤窠, 然卻知得飯是米做麪在麥裏.(대정장 47, 902c)

모이면 개울이 되고', '밥은 백미로 짓는 것'은 어쩌면 누구나 다 아는, 당연한 것이다. 이것을 기관으로 만들어 수행의 방편으로 삼았던 것이다.

4) 공부십절목

혜근의 간화선을 알 수 있는 자료 중 공부십절목功夫十節目이 있다. 이것은 1370년 9월 16일 나라에서 시행한 공부선장功夫選場에서 내린 법어로서, 화두를 참구하는 방법에 대해 말한 것이다. 절목이라는 형식은 몽산덕이(蒙山德異, 1231~?)의 「무자십절목無字十節目」과 상통하며, 고봉원묘(高峰原妙, 1238~1295)의 『선요禪要』의 영향을 받고 있다고 말해지기도 한다. 공부십절목功夫十節目에서는 화두를 참구하는 방법과 화두를 깨친 뒤에 얻게 되는 경지에 대해서 상세하게 서술하고 있다.

　①모든 사람들은 형체를 보면 형체를 벗어나지 못하고 소리를 들으면 소리를 초월하지 못한다. 어떻게 해야 형체와 소리를 벗어날 수 있는가?(盡大地人, 見色不超色, 聞聲不越聲. 作麽生超聲越色去.)
　②대상경계[형체와 소리]에서 벗어났으면 반드시 힘써 수행해야 한다. 어떻게 하는 것이 바른 수행인가?(既超聲色, 要須下功. 作麽生下个正功.)

③이미 바른 수행을 시작했으면 그것이 푹 익어야 한다. 수행이 푹 익었을 때는 어떠한가?(旣得下功, 須要熟功. 正熟功時如何.)

④이미 수행이 익었으면 (속인으로서의) 비린내를 없애야 한다. 비린내가 없어졌을 때는 어떠한가?(旣能熟功, 更加打失鼻孔. 打失鼻孔時如何.)

⑤비린내가 없어지면 냉랭하고 담담하여 전혀 맛도 없고 기력도 없다. 의식이 미치지 않고 마음이 작동하지 않을 때는 또한 허깨비 같은 몸이 인간세상에 있는 줄도 모른다. 여기에 이르면 도대체 무슨 시절인가?(鼻孔打失, 冷冷淡淡, 全無滋味, 全無氣力. 意識不及, 心路不行時, 亦不知有幻身在人間. 到這裏, 是甚時節.)

⑥수행이 철저해지고 나면 동정에 틈이 없고 자나 깨나 한결같아서 없어지지 않는다. 마치 개가 뜨거운 기름냄비를 본 것과 같아서, 핥으려고 해도 핥을 수 없고 버리려고 해도 버릴 수도 없다. 이와 같을 때 어떻게 처리할 수 있겠는가?(工夫旣到, 動靜無間, 寤寐恒一, 觸不散蕩不失. 如狗子見熱油鐺相似, 要舐又舐不得, 要捨又捨不得. 時作麼生合殺.)

⑦갑자기 백이십 근이나 되는 짐을 내려놓는 것 같아서 '탁!' 하고 끊어질 것이다. 이 때 무엇이 너의 자성인가?(驀然到得, 如放百二十斤擔子相似, 啐地便折, 曝地便斷. 時那个是你自性.)

⑧이미 자성을 깨달았으면 자성의 본용과 연에 따른 응용을 알아야만 한다. 무엇이 본용과 응용인가?(旣悟自性, 須知自性本用隨

綠應用. 作麼生是本用應用.)

⑨이미 자성의 용을 알았다면 생사를 벗어나야 한다. 임종의 때에 이르러 어떻게 생사에서 벗어나는가?(旣知性用. 要脫生死. 眼光落地時, 作麼生脫.)

⑩이미 생사를 벗어났으면 반드시 가는 곳을 알아야만 한다. 사대가 흩어질 때 어디로 가는가?(旣脫生死. 須知去處. 四大各分, 向甚處去.)

공부십절목은 수행의 과정을 단계별로 서술한 것이다. ②에서 '바른 수행'이란 간화선을 말하는 것이며, ⑤ ⑥은 화두를 참구하여 '의식이 갈 곳이 없어서 막막하게 되어 이러지도 저러지도 못하는 상황'을 묘사한 것으로 깨치기 직전의 단계이다. ⑦~⑩은 깨친 후에는 자성을 알게 되고, 또 생사를 벗어날 수 있게 됨을 말한 것으로, 화두를 깬 후의 결과를 말한 것이다.

5) 여말선초의 나옹현창 운동

나옹은 공민왕(恭愍王, 1351~1374 재위)과 우왕(禑王, 1374~1388 재위)의 왕사로서 크게 활약하였으나 태고보우에 비하면 정치에 깊숙이 관여하지 않고 수행자로서의 본분에 충실했다고 생각된다. 나옹의 문파는 여말선초에 큰 세력을 형성하였는데, 무학자초(無學

自超, 1327~1405)가 그 대표이다. 한편 전통적인 법통설에서는 태고보우의 제자로 간주되는 환암혼수(幻庵混修, 1320~1392)가 실은 나옹의 상수上首제자라는 주장이 있다. 이것은 조계종의 종조를 나옹으로 보는 나옹혜근 법통설과 관계되는 것으로 주목된다.

나옹은 1376년 회암사의 중창 낙성식 날 많은 사람들이 모였다는 것을 빌미로 유학자들이 탄핵하자 밀양 영원사瑩遠寺로 옮기던 중 여주 신륵사神勒寺에서 별안간 입적하고 말았다. 그의 사인에 대해서는 불명확한 점이 많아서, 유학자들에 의해 주살誅殺되었다는 설이 있는 등 당시에도 논란이 되었다고 한다.

그런데 나옹의 사후 죽음의 과정이 신비하고 다비 후 많은 사리가 나오는 등의 이유로 고려 말과 조선 초에 이르러서 나옹현창 운동이 크게 전개되었다. 나옹의 사리탑이 각지에 건립되었고, 그를 생불生佛로 숭앙하여 나옹을 석가모니의 후신이라고 하는 『치성광명경熾盛光明經』이 성립되기도 하였다. 나옹은 국외에도 널리 알려져서, 조선 태종 시에 일본 승려가 대장경인본과 나옹의 초상화를 구하려고 요청했던 사실이 실록에서 확인되고, 세종 초에는 묘향산妙香山의 적휴寂休라는 승이 중국으로 도망할 때 나옹의 사리를 가지고 달아난 사건도 있었다고 한다.

3. 백운경한

백운경한(白雲景閑, 1298~1374)은 충렬왕 2년에 전라도 고부古阜에서 태어났다. 그의 가계나 성장과정에 대해서는 알려진 바가 없다. 대략 10세 전후의 어린 나이에 출가하여 호를 경한景閑이라고 하였고 출가 후 일정한 스승이 없이 천하를 유행하였는데, 다만 충목왕 2년 5월 왕명에 따라 기우제祈雨祭를 주관하였다는 기록으로 보아 상당한 명망이 있었다고 짐작된다.

경한은 1351년(52세)에 원에 들어가서 지공指空을 방문하였고 석옥청공石屋淸珙에게서 법을 전수받았다. 1년 남짓 원에 머물다 귀국하였는데, 귀국 후 1357년(공민왕 6)에 보우普愚의 천거로 왕의 부름을 받았으나 사양했다. 보우와 혜근에 비하여 활동이 두드러지지 않았기 때문에 남겨진 기록도 적다. 저서로는 『백운화상어록白雲和尙語錄』 2권과 『백운화상초록불조직지심체요절』(白雲和尙抄錄佛祖直指心體要節: 일명 直指心經)이 남아 있다.

1) 무심선

경한은 보우와 마찬가지로 석옥청공의 법을 잇고 있지만 보우와는 가풍을 달리하고 있다. 보우가 철저한 간화선자라면 경한은 무심선이라고 해도 좋을 정도로 무심無心·무념無念을 강조한다. 그런데 이 무심은 석옥청공에게서 배운 것이라고 경한은 주장한다.

> 내가 근래 강남과 강북을 유력하여서 선지식이 있으면 참학하지 않음이 없었다. 이들 선지식들은 수행자를 가르칠 때에 조주무자趙州無字·만법귀일萬法歸一·부모미생전면목父母未生前面目의 공안으로 하거나, 혹은 '마음을 들어서 밖을 비추고 마음을 수렴하여 안을 비추어야 한다'거나 '마음을 맑게 하여 선정에 들어가야 한다'는 등 별다른 것이 없었다. 마지막에는 하무산霞霧山 천호암天湖庵에 있던 석옥노화상을 방문하여 오랫동안 시봉하였는데, 단지 무념의 진종을 배워서 여래의 위없는 묘도를 완전히 깨달았다.…… 이 소식은 부처님도 '세간·출세간의 공덕 중에 무심만한 것이 없다'고 하였는데, 공덕이 제일 크며 불가사의하다.[111]

---

111 山僧頃年, 遊歷江南江北, 但有善知識, 無不叅見. 是諸善知識, 誨示於人, 或以趙州無字, 或以萬法歸一, 或以父母未生前面目, 或以擧心外照攝心內照, 或以澄心入定, 終無異說. 末上尋叅霞霧山天湖菴石屋老和尙, 許多日侍立左右, 只學得箇無念眞宗, 圓悟如來無上妙道.…… 此箇消息, 佛言世出世間功德, 無如無心, 功德最大而不可思議.(『백운화상어록』 권상, 한불전 6,

여기에 의하면 석옥의 가르침은 당시 강남·강북의 다른 선사들처럼 화두를 위주로 하는 것이 아니라 '무념'과 '무심'을 최고로 여기는 것이었음을 알 수 있다. 나아가 경한은 이 가르침에 의지해서 깨달았다고 한다.

한편 1370년(공민왕 19)에는 왕의 교지로 공부선功夫選을 개최하였는데, 이때 주맹主盟은 나옹혜근懶翁惠勤이고 증명법사證明法師는 설산천희(雪山千熙, 1307~1382)였다. 경한도 참가하여 수어垂語를 하였는데, 경한은 수행자들의 공부를 시험하는 방법으로서 화두話頭·수어垂語·색성언어色聲言語의 3가지를 들면서, 무심이 이들보다 뛰어난 최상의 방편이라고 주장한다.

또 가장 신묘한 방편이 있으니 무심無心으로 하거나 무념無念으로 하는 것이다. 예를 들면 육조혜능이 말하기를 '일체의 선악善惡을 사량하지 않으면 자연히 청정한 마음의 체體를 얻을 것이다. 담연湛然하고 상적常寂하지만 묘용은 한이 없다'고 하였다.[112]

649b)

[112] 又有最妙一方便, 或以無心, 或以無念. 如六祖云, 一切善惡都莫思量, 自然得入淸淨心體. 湛然常寂, 妙用恒沙.(『백운화상어록』 권하, 한불전 6, 656b)

2) 조사선

경한은 조사선祖師禪과 간화선을 구분하고 있는데, 간화선이란 무자공안·만법귀일·부모미생전면목처럼 의심을 일으키게 하는 것을 가리킨다. 반면에 정전백수자庭前栢樹子·마삼근麻三斤·건시궐乾屎橛과 같이 '말이나 동작·소리〔色聲言語〕로서 보이는 것'을 조사선이라고 규정한다. 경한은 조사선을 더 세분호하여 '말〔言語〕로서 지시하는 것'·'말〔言〕과 소리〔聲〕로서 지시하는 것'·'소리〔聲〕로서 지시하는 것'·'형체〔色〕와 소리〔聲〕로서 지시하는 것'의 4개로 구분하고 있다. 경한은 각각에 대해서 구체적인 예를 제시하고 있는데 다음과 같다.

① 말로서 지시하는 것(以言語示法示人者)
* 조주趙州가 승에게 묻기를 '죽은 먹었느냐?' 승이 답하기를 '다 먹었습니다.' 조주, '발우를 씻으러 가라.' 그 승은 깨달았다.
* 운문雲門이 동산洞山에게 묻기를 '근래 어디를 떠나왔느냐?' 동산이 답하기를 '사도査渡입니다.' 운문, '여름에는 어디에 있었는가?' 동산, '호남湖南의 보자사普慈寺입니다.' 운문, '언제 그곳을 떠났느냐?' 동산, '8월 25일입니다.' 운문, '이 밥통같은 놈! 강서와 호남에는 도대체 뭐하러 갔더냐?' 동산은 언하에 대오하였다.

② 말과 소리로서 지시하는 것(以言聲示法示人者)

* 현사玄沙가 승에게 묻기를 '언계偃溪의 물소리가 들리는가?' 승이 답하기를 '들립니다.' 현사, '이리로부터 들어오너라.'
* 경청鏡淸이 승에게 묻기를 '문밖에는 무슨 소리인가?' 승이 답하기를 '비가 떨어지는 소리입니다.' 경청, '중생이 전도하여 자기를 잃고 사물을 쫓는구나.'

③ 소리로서 지시하는 것(以聲示法示人者)

* 까마귀가 우는 소리·당나귀가 우는 소리·개 짖는 소리가 모두 여래가 대법륜大法輪을 굴리는 것이다
* 제비가 깊이 실상實相을 이야기하고 꾀꼬리가 반야般若를 설한다.

④ 색과 소리로서 지시하는 것(以色聲示法示人者)

* 격추를 들고 불자拂子를 세우는 것.
* 손가락을 튕기고 눈썹을 치켜뜨는 것.
* 방棒을 하고 할喝을 하는 것.

3) 『직지심경』에 대해

경한은 1372년(공민왕 21)에 원나라에서 가져온 『불조직지심체요절』 1권의 내용을 대폭 늘려서 상하 2권으로 하였는데, 이 책은 여러 부처와 고승들의 법어·대화·편지 중에서 중요한 내용을 뽑은 것이다. 경한이 입적한 지 3년 뒤인 1377년에 청주 흥덕사興德寺에서

이를 『백운화상초록불조직지심체요절』의 금속활자본으로서 간행하고, 또 이를 바탕으로 1378년에는 경한이 입적한 여주 취암사에서 목판본이 간행된다.

 현재 우리나라에 존재하는 것은 목판본뿐이고, 1377년 청주 흥덕사에서 간행된 금속활자본은 프랑스 국립도서관에 소장되어 있다. 이 금속활자본 『직지심경直指心經』은 1900년을 전후해 서울 주재 초대 프랑스공사였던 플랑시가 수집한 것으로 나중에 프랑스국립도서관에 기증된 것이다. 현재 하권만 존재하며 상권은 아직 발견되지 않았다. 이 금속활자본 『직지심경』은 세계 최초의 금속활자본으로서 독일 구텐베르크의 활자보다 70년 이상 앞선 것이다. 여기서 우리 민족의 인쇄기술의 우수성을 알 수 있다.

참고문헌

〔略語〕
대정장 ⇒ 대정신수대장경大正新脩大藏經
한불전 ⇒ 한국불교전서韓國佛教全書
만속장경 ⇒ 신찬대일본속장경新纂大日本續藏經

단행본

조선총독부 편,『朝鮮金石總覽』(上) (下), 아세아문화사, 1976
불교사학회 편,『고려중·후기 불교사론』, 민족사, 1989
심재룡 외 편역,『고려시대의 불교사상』, 서울대출판부, 2006
예문동양사상연구원·이병욱 편저,『(한국의 사상가 10인) 의천』, 예문서원, 2002
이병욱 저,『고려시대의 불교사상』, 혜안, 2002
정성본 저,『신라선종의 연구』, 민족사, 1995
정영식 저,『한국간화선의 원류』, 한국학술정보, 2007
한기두 저,『한국불교사상연구』, 일지사, 1988
허남진 외 편역,『삼국과 통일신라의 불교사상』, 서울대출판부, 2005
허흥식 저,『고려불교사연구』, 일조각, 1986
黑田亮 저,『朝鮮舊書考』, 東京: 岩波書店, 1940

논문류

강호선,「고려 말 나옹혜근 연구」, 서울대학교 박사학위논문, 2011
김방룡,「진심직설의 저자에 대한 고찰」, 보조사상 15, 2001
남권희·최연식,「진심직설의 저자에 대한 재고찰」, 한국도서관·정보학회지

31-2, 2000
남동신, 「여말선초기 나옹현창운동」, 한국사연구 139, 2007
박인석, 「영명연수 종경록의 一心사상 연구」, 연세대학교 박사학위논문, 2010
손성필, 「진심직설의 판본계통과 보조지눌 찬술설의 출현배경」, 한국사상사학 38, 2011
이애희, 「고려중기 李資玄의 楞嚴禪 사상」, 공자학 14, 2007
정영식, 「普照智訥과 眞覺慧諶에 미친 중국선의 영향」 한국민족문화 28, 2006
_____, 「薦福承古·覺範慧洪 그리고 普照知訥의 三玄門해석」, 한국불교학 54, 2009
_____, 「한국불교에 있어서의 頓漸논의와 雲峰大智禪師」, 한국사상과 문화 68, 2013
_____, 「고대~임진왜란에 있어서의 불교식 위령과 극가」, 불교연구 39, 2013
_____, 「종경록이 진각혜심에 미친 영향」, 한국사상과 문화 69, 2013
_____, 「나옹혜근의 강남유학에서의 행적과 그 영향」, 한국선학 37, 2014
최연식, 「眞心直說の著者の再檢討」, 印度學佛敎學硏究 51-2, 2003
平野宗淨, 「狗子無佛性の話を巡って」, 禪學硏究 62, 1983
大松博典, 「『首楞嚴經』注釋書考」, 宗學硏究 30, 1937

부록

한국선사상사 관련 논문 목록

〈일러두기〉

1. 1970년 이후부터 2013년까지 간행된 논문을 대상으로 하였다.
2. 조사대상은 기본적으로 불교학보, 한국불교학, 불교학연구, 대각사상, 한국선학, 선문화연구, 불교연구, 보조사상 등 8개 학회지를 대상으로 하였다.
3. 보조지눌에 관련된 논문은 너무 방대하여 2005년 이후에 나온 것만을 수록하였다.

1. 연구논문
1) 삼국통일까지
①인물

제목	저자	연도	학술지명	권호	학회명
신라 順之와 고려 志謙의 선사상	조명기	1984	『보조국사지눌의 사상』		
료오선사 순지의 相論	김두진	1975	한국사론	2	서울대학교 국사학과
료오선사 순지의 선사상	김두진	1975	역사학보	65	역사학회
道義의 남종선도입과 그 사상	김두진	1977	『강원불교사연구』		
선종전래이전의선사상:『金剛三昧經論』에보이는원효의선학	이종철	2001	한국선학	2	한국선학회
초기선종의 형성과 無相선사의 활동	채택수	1992	『한국불교문화사상사』		
無相의 無念觀-無億과 莫忘의 스밈과 퍼짐	고영섭	2007	한국불교학	49	한국불교학회
김화상(무상)을 축으로 한 중국서남국	변인석	2008	한국불교학	별집	한국불교학회
위앙종의 신라순지의 고찰-十牛圖와 四對八相을 중심으로	법공	2008	한국불교학	별집	한국불교학회
중국선종과 무상선사	김훈	2005	불교연구	23	한국불교연구원
도의국사의 생애와 행적	김양정	2008	대각사상	11	대각사상연구원
新羅義林禪師와그의密敎思想	서윤길	1992	불교학보	29	동국대학교 불교문화연구원
大朗慧無染의 無舌土論-한국선의원류:나말려초구산선문의재조명	최현각	1995	보조사상	9	보조사상연구원
中國禪學史上新羅無相大師의地位:南嶽·馬祖의法通考	이종익	1975	한국불교학	1	한국불교학회
天台『法華玄義』10권에나타난教判사상과順之사상의 禪사상의 공통점연구	이병욱	1999	밀교학보	1	위덕대학교 밀교문화연구원
唐土의 新羅僧 無相禪師의 生涯와 思想	정성본	1990	한국사상사학	3	한국사상사학회

② 구산선문

제목	저자	연도	학술지명	권호	학회명
신라하대 선종산문의 사회경제적 기반	김두진	1999	한국학논총	21	국민대학교 한국학연구소
려말선초 사굴산문과 가지산문에 관한 연구	김방룡	2001	한국종교사연구	9	한국종교사학회
나말 諸山門과 선사상	김방룡	2001	한국선학	2	한국선학회
신라말 동리산문에 대한 연구	이덕진	2001	한국선학	2	한국선학회
신라말 선종사원의 형성과 구조	한기문	2001	한국선학	2	한국선학회
남종선의 초전자 도의선사의 사상과 그 연원탐구	차차석	2001	한국선학	2	한국선학회
승과의 응시자격과 구산문의 대두	정재일	2003	한국선학	6	한국선학회
신라하대 선종구산파의 성립: 崔致遠의 四山碑銘을 중심으로	최병헌	1972	한국사연구	7	한국사연구회
동리산문의 선사상	종호	1991	한국불교학	16	한국불교학회
봉림산문의 법계와 그 문제점들	박영기	1992	한국불교학	17	한국불교학회
희양산선파의 성립과 그 법계에 대하여	김영태	1979	한국불교학	4	한국불교학회
사자산문의형성과사상	종호	2007	한국불교학	49	한국불교학회
도의국사의 선종사적 위상	김양정	2008	한국불교학	51	한국불교학회
道義 明寂의 한국선종사적 위상과 특징	진월	2008	한국불교학	별집	한국불교학회
도의의 재당구법행정에 관한 연구	조영록	2010	한국불교학	57	한국불교학회
慧昭의 입당구법과 道義와의 동행순력고	조영록	2011	한국불교학	59	한국불교학회
신라말 봉림산문과 신라왕실	조범환	1994	진단학보	78	진단학회
신라말, 고려초 사자산문과 정치세력	박정주	1994	진단학보	77	진단학회
신라하대의 가지산문	이계표	1993	전남사학	7	전남사학회
나말여초 굴산문신앙의 여러 모습	김홍삼	2001	역사와 현실	41	한국역사연구회
구산선문 중 동리산파의 법맥	진옥	1985	승가	3	중앙승가대학교 학생회
사자산선문의 성립과정에 대한 재검토	최연식	2008	불교학연구	21	불교학연구회
한국선문의 형성과 홍주종	강명희	2006	불교연구	24	한국불교연구원
구산선문의 성립과 그 성격에 대하여	김영태	1995	보조사상	9	보조사상연구원

제목	저자	연도	학술지명	권호	학회명
도의국사의 구법과 중국선불교	차차석	2009	보조사상	32	보조사상연구원
新羅禪의 思想的特性-한국선의 원류: 나말려초 구산선문의 재조명	정성본	1995	보조사상	9	보조사상연구원
구산선문의 형성과 시대적 변천연구	황정수	1996	불교대학원논총	3	동국대학교 불교대학원
성주산문 관련 사료의 검토	양승율	1999	고대연구	7	고대연구회
구산선문과 사리탑	장충식	1998	『선불교와 사리탑』		
나말려초 동리산문	추만호	1999	『도선연구』		민족사

③ 기타

제목	저자	연도	학술지명	권호	학회명
나말려초 선종과 호족세력과의 결합	채수환	1998	동서사학	4	한국동서사학회
나말려초 선종의 사회적 성격	최병헌	1986	『한국불교선문의 형성사적 연구』		민족사
나말려초에 있어서 선종의 사회적 역할	이현수	1985	원광보건전문대 논문집	8	원광보건전문대학교
신라선종의 鉤讖說	정성본	1991	『한국사상사』		
신라선종의 선사상	정성본	1992	『한국불교문화사상사』		
신라말 김해지방의 호족세력과 선종	최병헌	1978	한국사론	4	서울대학교 국사학과
신라말 선수용의 배경연구	장대봉	1998	불교대학원논총	5	동국대학교 불교대학원
신라선의 기초사상	한기두	1975	원광대논문집	8	원광대학교
신라선의 사상적 특징	정성본	1995	보조사상	9	보조사상연구원
신라시대의 선사상 1:신라선의 北山과 南嶽	한기두	1975	한국불교학	1	한국불교학회
신라하대 선법의 연구	한지연	2001	한국불교학	28	한국불교학회
신라하대 선종사상의 성립과 그 변화	김두진	1997	전남사학	11	전남사학회
신라선의 역사적 의의	최현각	2001	한국선학	2	한국선학회
언어측면에서의『조당집』신라, 고려선사 부분의 후대편입 여부	송인성	2001	한국선학	2	한국선학회
초기선어록에 나타난 신라, 고려선사	임병권	2001	한국선학	2	한국선학회
신라하대 유학자의 선종불교인식	조범환	2001	한국선학	2	한국선학회

제목	저자	연도	학술지명	권호	학회명
나말화엄교단과 선종의 제문제	인경	2001	한국선학	2	한국선학회
신라말 선문화의 형태와 발전	고영섭	2001	한국선학	2	한국선학회
최초기 한국선법의 전래와 그 성격	김호귀	2008	한국선학	20	한국선학회
조선선종사 성립기의 일시점: 특히 유학승의 동향을 통해서	沖本克己	1991	불교학보	28	동국대학교 불교문화연구원

2) 고려시대
①인물: 지눌

제목	저자	연도	학술지명	권호	학회명
보조지눌과 소태산 박중빈의 선사상비교	김방룡	2009	한국선학	23	한국선학회
보조지눌의 간화선관에 내재된 문제점 연구	최용운	2010	한국선학	26	한국선학회
浮休系의 계파인식과 보조유풍	김용태	2006	보조사상	25	보조사상연구원
근, 현대불교에 미친 보조사상의 영향	이덕진	2007	보조사상	27	보조사상연구원
한국 근, 현대불교의 보조영향	김경집	2007	보조사상	27	보조사상연구원
『勸修定慧結社文』의 체계와 사상	강건기	2007	보조사상	27	보조사상연구원
지눌의 돈오와 점수에 대한 화엄성기론적 해석	석길암	2008	보조사상	30	보조사상연구원
지눌사상의 재조명: 지눌을 다시 만나다	권기종	2009	보조사상	31	보조사상연구원
인간학으로서의 보조사상	강건기	2009	보조사상	31	보조사상연구원
비교사상적 관점에서 본 지눌의 선사상	길희성	2009	보조사상	31	보조사상연구원
지눌의 이통현 화엄사상 수용과 변용	김천학	2010	보조사상	33	보조사상연구원
위빠사나에 비추어 본 보조지눌의 수행체계	임승택	2011	보조사상	35	보조사상연구원
『法集別行錄節要幷入私記』雪巖秋鵬科評에 대해서	박상국	2011	보조사상	35	보조사상연구원
지눌의 돈오점수를 둘러싼 나의 소견	西村惠信	2011	보조사상	35	보조사상연구원
보조국사에 있어서의 敎判과 行判의 형성	吉津宜英	2011	보조사상	35	보조사상연구원
보조지눌 사상의 통시적 현재성	신규탁	2011	보조사상	35	보조사상연구원
목우자 지눌사상의 返照와 廻心	최성렬	2011	보조사상	35	보조사상연구원
보조간화선의 성격과 그 현대적 의의	김방룡	2011	보조사상	35	보조사상연구원
보조지눌선사의 禪法略論	楊曾文	2011	보조사상	35	보조사상연구원

부록: 한국선사상사 관련 논문 목록 191

제목	저자	연도	학술지명	권호	학회명
보조지눌과 四部典籍	魏道儒	2011	보조사상	35	보조사상연구원
영성에 기반한 명상상담 모형탐색:『修心訣』을 중심으로	인경	2011	보조사상	35	보조사상연구원
지눌 정혜결사의 근, 현대적 계승고찰	보경	2011	보조사상	36	보조사상연구원
수선사 목우가풍과 十牛圖 비교고찰	보경	2012	보조사상	38	보조사상연구원
보조지눌의 선교일치에 대한 재고찰	정희경	2013	보조사상	39	보조사상연구원
한국 근, 현대 간화선사들의 보조선에 대한 인식	김방룡	2011	불교학보	58	동국대학교 불교문화연구원
지눌과 윌리암 제임스: 마음의 현상학	김영필	2012	불교학보	62	동국대학교 불교문화연구원
지눌선사상 형성에 미친 중국 불교의 영향	김방룡	2009	불교학연구	23	불교학연구회
의도적 疑情과 주체적 疑情의 구분으로 살펴본 지눌의 깨달음 과정검토	이상호	2010	불교학연구	25	불교학연구회
지눌과 陽明의 사유체계에 대한 비교연구: 空寂靈知와 良知를 중심으로	이덕진	2006	한국불교학	44	한국불교학회
지눌과 나옹의 간화선사상	김방룡	2008	한국불교학	별집	한국불교학회
천복승고, 각범혜홍 그리고 보조지눌의 삼현문해석	정영식	2009	한국불교학	54	한국불교학회
보조지눌과 존 웨슬리의 종교적 구제방법론 비교	천정권	2013	한국불교학	65	한국불교학회
지눌과 도겐: 남송, 고려, 일본 13세기의 동아시아선종	中島志朗	2011	불교학보	60	동국대학교 불교문화연구원

②인물: 혜심

제목	저자	연도	학술지명	권호	학회명
『선문염송』과 진각국사 혜심	김호동	1998	민족문화논총	18, 19	영남대학교 민족문화연구소
『선문염송』의 편찬에 따르는 혜심선의 의지	한기두	1993	보조사상	7	동국대학교 불교문화연구원
月南寺址 眞覺國師碑의 陰記에 대한 고찰: 고려 무신정권과 조계종	민현구	1073	진단학보	36	진단학회
혜심 간화선에서의 待悟之心의 문제	이동준	1992	한국불교학	17	한국불교학회
혜심 선사상에 있어서 교학이 차지하는 의미: 보조지눌과의 관계를 중심으로	김호성	1993	보조사상	7	보조사상연구원

제목	저자	연도	학술지	권/호	발행처
혜심의 간화선사상 연구: 지눌의 선사상과 비교하면서	권기종	1993	보조사상	7	보조사상연구원
혜심의 선사상에 대한 연구	이덕진	1997	철학연구	20	고려대학교 철학연구소
혜심의 화두참구법: 法語와 書答 그리고 그 속의 禪詩를 중심으로	정명옥	2005	한국선학	10	한국선학회
진각국사 혜심의 간화선 연구	정성본	2005	보조사상	23	보조사상연구원
無衣子의 拈頌詩에 대한 고찰	이상미	2006	보조사상	25	보조사상연구원
혜심 선시의 한 국면: 偈頌을 중심으로	이상미	2007	보조사상	28	보조사상연구원
최우의 불교정책과 수선사 혜심	조은순	2008	보조사상	30	보조사상연구원
『禪門拈頌集』의 편찬과 『宗門統要集』	조명제	2010	보조사상	34	보조사상연구원
『禪門拈頌集』의 편찬과 『禪宗頌古聯珠集』	조명제	2012	불교학보	62	동국대학교 불교문화연구원
『선문염송』의 편찬에 관한 연구	이영석	2002	정토학연구	5	한국정토학회
慧諶의 禪思想研究	권기종	1982	불교학보	19	동국대학교 불교문화연구원
無衣子의 詩文學	이종찬	1993	보조사상	7	보조사상연구원
『曹溪眞覺國師語錄』의 구성과 내용상 특성	이동준	1993	보조사상	7	보조사상연구원
혜심의 선사상과 간화	박재현	2004	철학	78	한국철학회
高麗 眞覺國師慧諶의 女性成佛論	김영미	2003	이화사학연구	30	이화여대 이화사학연구소
眞覺國師 慧諶의 原碑와 解釋의 補完	허흥식	1993	정신문화연구	16권 1호	한국정신문화연구원
高麗武臣政權時代 僧侶知識人 知訥·慧諶의 現實對應	김호동	1992	민족문화논총	13	영남대학교 민족문화연구소
看話禪의 '狗子無佛性'에 대한 一考察: 大慧宗杲·普照知訥·眞覺慧諶을 중심으로	이덕진	2000	한국선학	1	한국선학회
海東曹溪宗의 淵源 및 그 潮流: 知訥과 慧諶의 思想을 中心으로	고형곤	1970	학술원논문집	9	학술원
慧諶의 大禪師告身에 대한 檢討: 高麗 僧政體系의 理解를 중심으로	장동익	1981	한국사연구	34	한국사연구회

③ 인물: 기타

제목	저자	연도	학술지명	권호	학회명
고려말 임제법통의 전수와 白雲선사의 無心禪	학담	1999	호서문화논총	13	서원대학교 호서문화연구소
나옹혜근의 工夫十節目에 관한 연구	김은종	1998	석림논총	32	동국대학교 석림회
『白雲和尙抄錄佛祖直指心體要節』 略書名에 관한 제언	김성수	2000	고인쇄문화	6	청주고인쇄박물관
석옥청공과 태고보우의 선사상 비교	차차석	2001	한국선학	3	한국선학회
이자현의 능엄선 연구	조용헌	1996	종교연구	12	한국종교학회
일연의 선불교: 신라와 고려의 구산선문은 南宗이 아니고 北宗이다.	민영규	1973	진단학보	36	진단학회
일연의 『重編曹洞五位』 연구	한종만	1997	한국불교학	23	한국불교학회
曹洞五位의 구조와 전승	김호귀	2000	한국선학	1	한국선학회
지공의 『禪要錄』과 선사상	허흥식	1993	『한국종교사상의 재조명』		
지공화상 선사상의 특색	이병욱	1996	『삼대화상연구논문집』		
『直指心體要節』의 조사선연구	김용환	2000	국민윤리연구	44	국민윤리학회
태고보우의 간화선법에 대한 고찰	돈각	2010	선문화연구	9	한국불교선리연구원
나옹의 無心學	고영섭	2005	한국선학	9	한국선학회
백운경한과 고려말 선종계	황인규	2005	한국선학	9	한국선학회
균여의 선에 대한 인식	태경	2007	한국선학	17	한국선학회
나옹혜근의 생애와 선사상	김영두	2008	한국선학	20	한국선학회
일연의 선사상과 송의 선적	조명제	2010	보조사상	33	보조사상연구원
覺雲의 『禪門拈頌說話』 연구 1: 각운의 『선문염송설화』와 인용서	종진	1995	가산학보	4	가산불교문화진흥원
백운경한과 임제종	정병조	2007	불교연구	27	한국불교연구원
여말선초 나옹문도의 오대산중흥불사	황인규	2012	불교연구	36	한국불교연구원
나옹왕사 유업의 재조명	이지관	2008	대각사상	11	대각사상연구원
나옹혜근의 불교계 행적과 유물, 유적	황인규	2008	대각사상	11	대각사상연구원
나옹혜근의 선사상에 대한 철학적 분석	신규탁	2008	대각사상	11	대각사상연구원
懶翁禪思想에 대한 體系的 理解	이병욱	1997	보조사상	10	보조사상연구원
白雲의 無心禪에 關하여	정병조	1977	한국불교학	3	한국불교학회
懶翁慧勤의 彌陀淨土觀	이철헌	1993	한국불교학	18	한국불교학회

懶翁惠勤의 法脈	이철헌	1994	한국불교학	19 한국불교학회
懶翁慧勤의 禪思想	이철헌	1996	한국불교학	21 한국불교학회

④ 종파: 임제종풍

제목	저자	연도	학술지명	권호	학회명
고려말 임제선의 수용	서윤길	1984	『한국선사상연구』		
고려 임제선법의 수용과 전개	서윤길	1998	『태고보우국사』		
13세기 수선사의 현실대응과 간화선	조명제	2000	한국선학	1	한국선학회
고려중기 선종의 부흥과 간화선의 전개	허흥식	1982	규장각	6	서울대학교 도서관
고려후기『蒙山法語』의 수용과 간화선의 전개	조명제	1999	보조사상	12	보조사상연구원
간화 十種禪病의 체계분석	최성열	1991	불교학보	28	동국대학교 불교문화연구원
고려 중, 후기 간화선의 특징	최현각	2005	한국선학	9	한국선학회
고려말 원대간화선의 수용과 그 사상적 영향: 몽산, 고봉을 중심으로	조명제	2005	보조사상	23	보조사상연구원
여말 삼사의 간화선사상과 그 성격	김방룡	2005	보조사상	23	보조사상연구원
고려말 간화선전통의 확립과정에 대한 검토	최연식	2012	보조사상	37	보조사상연구원
고려시대 중국유학승이 전법한 五家七宗	강명희	2007	불교연구	27	한국불교연구원

⑤ 종파: 조동종풍

제목	저자	연도	학술지명	권호	학회명
나말려초의 조동선	김영두	1991	한국불교학	16	한국불교학회
고려중기 이후의 조동선	김영두	1992	범한철학	7	범한철학회
고려초기 조동선풍의 전래성격	김호귀	2002	한국선학	4	한국선학회
일연의 曹洞五位觀	김호귀	2005	한국선학	9	한국선학회
一然의『重編曹洞五位』연구	한종만	1997	한국불교학	23	한국불교학회

⑥ 종파: 법안종풍

제목	저자	연도	학술지명	권호	학회명
고려전기의 법안종과 智宗	김용선	1977	『강원불교사연구』		한림대학교 한림과학원
고려전기의 법안종과 海麟	김남윤	1977	『강원불교사연구』		한림대학교 한림과학원
고려광종대 법안종의 등장과 그 성격	김두진	1983	한국사학	4	한국정신문화연구원 역사연구실
고려광종대 불교교단의 통합과 법안선의 도입	고영섭	2002	한국선학	4	한국선학회

⑦ 종파: 위앙종풍

제목	저자	연도	학술지명	권호	학회명
선종의 一圓相과 원불교의 一圓相	유병덕	1976	원광대논문집	9	원광대학교
『祖堂集』과 『圓相集』과 『摭英集』	柳田聖山	1984	한국종교	9	원광대학교 종교문제연구소

⑧ 기타

제목	저자	연도	학술지명	권호	학회명
고려전기 선종사원의 경제와 그 운영	이병희	2002	한국선학	4	한국선학회
고려전기 유학자들의 禪인식과 詩	정천구	2002	한국선학	4	한국선학회
고려중기 거사선의 사상적 경향	조명제	2002	한국선학	4	한국선학회
고려시대 선종가람과 불교미술 1	이기선	2002	한국선학	4	한국선학회
『선원청규』의 내용구성에 관한 고찰: 고려판본을 중심으로	적멸	2004	한국선학	8	한국선학회
고려 중, 후기 선종계의 선문인식	김상영	2005	한국선학	9	한국선학회
려말 조사선의 부흥에 대하여	운월	2005	한국선학	9	한국선학회
고려전기 사굴산문계 고승과 선종계	황인규	2007	한국선학	17	한국선학회
고려선문에 대한 서지학적 고찰: 『선문보장록』을 중심으로	박정선	2011	한국선학	30	한국선학회
고려후기 수선사와 사굴산문	황인규	2007	보조사상	28	보조사상연구원
11세기 한국불교계의 선종상황과 특징	진월	2010	불교학보	56	동국대학교 불교문화연구원
12세기 초기의 한국선종상황과 조계종성립시기 소고	진월	2011	불교학보	59	동국대학교 불교문화연구원

제목	저자	연도	학술지명	권호	학회명
고려선종의 사상적 계보	한기두	1993	『한국선사상연구』		일지사
고려중기의 선사상	채인환	1994	『선과 동방문화』		한국불교학술교류회
고려대장경 보유판 所收『證道歌事實』의 저자에 대하여	고익진	1975	한국불교학	1	한국불교학회
『선문보장록』의 기초사상 연구	한기두	1992	불교학보	29	동국대학교 불교문화연구원
『禪宗六祖慧能大師頂相東來緣起考』	정성본	1995	『신라선종의 연구』		민족사
淨土寺址 法鏡大師碑陰記의 분석:고려초 지방사회와 선문의 구조와 관련하여	채상식	1986	『고려초기 불교사론』		민족사
고려시대 가지산문의 전개와 불교사적 위상	김상영	2010	불교연구	32	한국불교연구원
고려시대 봉암사와 희양산파의 추이	한기문	2011	불교연구	34	한국불교연구원
고려시대 寺院形止案의 복원과 선종사원의 공간구성 검토	최연식	2013	불교연구	38	한국불교연구원
高麗 後期 武臣政權과 禪宗의 연계성	한성렬	2010	정토학연구	13	한국정토학회
高麗後期『蒙山法語』의 受容과 看話禪의 展開	조명제	1999	보조사상	12	보조사상연구원
高麗新開版『祖堂集』集成者 연구	고영섭	2002	한국불교학	31	한국불교학회
崔氏武臣政權과 禪宗	진성규	1990	불교연구	6, 7 합집	한국불교연구원
고려중기의『선문보장록』에 나타난 구산선문의 선사상	정영식	2009	한국사상과 문화	50	한국사상문화학회

⑨ 외국

제목	저자	연도	학술지명	권호	학회명	국가
高麗淸規としての『誡初心學人文』	佐騰達玄	1987	韓國佛敎學 seminar	3	일본한국유학생회	일본
高麗本『景德傳燈錄』について	西口芳男	1984	印度學佛敎學硏究	64	일본인도학불교학회	일본
金澤文庫本『禪院淸規』と高麗版『禪院淸規』との關連について	小坂機融	1972	金澤文庫硏究	192	金澤文庫	일본

제목	저자	연도	학술지명	권호	학회명	
智訥の頓悟漸修論	中島志郎	1994	禪文化硏究所紀要	2)	花園대학 선문화연구소	일본
智訥の三玄門體系について	中島志郎	1997	印度學佛敎學硏究	46권 1호	일본인도학불교학회	일본
智訥の『看話決疑論』について＜基礎的硏究＞1	中島志郎	1997	花園大學文學部硏究紀要	29	花園대학 문학부	일본
智訥の『看話決疑論』について＜基礎的硏究＞2	中島志郎	1998	花園大學文學部硏究紀要	30	花園대학 문학부	일본
智訥と慧諶	中島志郎	1998	禪文化硏究所紀要	24	花園대학 선문화연구소	일본
智訥と了世	中島志郎	2000	禪學硏究	78	花園大學禪學硏究會	일본
高麗中期禪宗史	中島志郎	2000	國際禪學硏究所硏究報告	7	花園大學 國際禪學硏究所	일본
『禪門寶藏錄』の基礎的硏究	西口芳男	2000	國際禪學硏究所硏究報告	7	花園大學 國際禪學硏究所	일본

3) 조선시대
① 인물: 휴정

제목	저자	연도	학술지명	권호	학회명
『三家龜鑑』刊年考	송일기	1993	도서관학보	5	중앙대학교 도서관학과
서산대사의 선교관에 관한 고찰:『禪家龜鑑』을 중심으로	원상	1988	석림	22	동국대학교 석림회
『禪家龜鑑』의 간행유포고	우정상	1977	불교학보	14	동국대학교 불교문화연구원
『禪家龜鑑』異本考	송일기	1987	서지학연구	2	서지학회
『禪家龜鑑』 성립고	송일기	1991	서지학연구	7	서지학회
휴정의 사교입선관:『禪家龜鑑』을 중심으로	신정오	1991	『불교사상논총』		불교사상논총간행위원회
청허휴정의 선사상	종진	1993	백련불교논집	3	백련불교문화재단
『禪家龜鑑』에 나타난 선과 염불의 조화	대원	2003	한국선학	5	한국선학회
휴정의 善心學	고영섭	2006	한국선학	15	한국선학회

제목	저자	연도	학술지명	권호	학회명
서산대사 휴정의 법화경 수용과 신행	이기운	2006	한국선학	15	한국선학회
청허휴정의 오가법맥 인식의 배경에 대한 고찰	김호귀	2009	한국선학	22	한국선학회
청허휴정의 沙門像과 표충사 제향의 의의	김상영	2012	한국선학	33	한국선학회
휴정의 대승적 실천행 고찰	조일문	2002	한국불교학	32	한국불교학회
西山休靜의 禪淨觀에 대한 一考	법상	2004	정토학연구	7	한국정토학회
『明心寶鑑』의 著者에 對한 小考: 西山大師와의 關係를 중심으로	신정오	1981	한국불교학	6	한국불교학회

②인물: 기타

제목	저자	연도	학술지명	권호	학회명
己和의 禪敎一元에 대한 소고	강문선	2000	대각사상	3	대각사상연구원
김시습의 曹洞五位說	민영규	1979	대동문화연구	13	성균관대학교 대동문화연구원
설잠 김시습의 『曹洞五位要解』연구	한종만	1996	한국불교학	21	한국불교학회
사명당 유정의 선사상	이철헌	2000	한국선학	1	한국선학회
허응당 보우의 사상구조	이병욱	2005	한국선학	12	한국선학회
雪岑의 시『贈岐上人』에 나타난 禪心의 의미	대원	2006	한국선학	13	한국선학회
벽송지엄의 『碧松堂野老頌』	주호찬	2006	한국선학	14	한국선학회
『十玄談要解』의 현담명칭과 순서 및 저술자에 관한 고찰	정연수	2006	한국선학	14	한국선학회
『十玄談要解』에 드러난 김시습의 경전 및 선어록에 관한 이해	정연수	2006	한국선학	15	한국선학회
先覺國師 道詵의 종통계승 및 전개	황인규	2008	한국선학	20	한국선학회
涵虛의 金剛經觀 고찰	김영두	2009	한국선학	22	한국선학회
부휴선수의 사상과 그의 법통관	김방룡	2009	한국선학	22	한국선학회
仁王山寺와 無學大師	황인규	2009	한국선학	22	한국선학회
鏡巖 應允과 그의 傳 연구	이대형	2010	한국선학	27	한국선학회
栗谷 李珥의 정치철학과 선	이조원	2010	한국선학	27	한국선학회
月渚道安의 禪詩연구	권동순	2011	한국선학	29	한국선학회
蓮潭有一의 선사상: 연담의『法集別行錄』	이진영	2011	한국선학	30	한국선학회

節要科目並入私記』를 중심으로					
조선 후기 喚醒志安의 선시연구	권동순	2012	한국선학	32	한국선학회
無用秀演의 선시 연구	권동순	2013	한국선학	34	한국선학회
傑僧 雪岑의 禪敎觀	이기운	2005	보조사상	24	보조사상연구원
靑梅 印悟禪師의 생애와 임진왜란 관련 詩에 대하여	김상일	2012	불교학보	62	동국대학교 불교문화연구원
仁嶽 義沽의 一心觀 연구	김진현	2011	불교학연구	30	불교학연구회
韓中 山僧의 山居詩 비교: 普雨와 憨山의 산거시	김상일	2012	불교학연구	31	불교학연구회
淸閑雪岑의 승려로서의 활동과 교유승려	황인규	2005	한국불교학	40	한국불교학회
虛應堂 普雨의 유불관계론 고찰	김기영	2005	한국불교학	43	한국불교학회
설화를 통해 본 震默一玉의 삶과 사상	김방룡	2006	한국불교학	44	한국불교학회
허응당 보우선사의 『勸念要錄』 연구	한태식	2009	한국불교학	53	한국불교학회
허응당 보우선사의 정토관	한태식	2010	한국불교학	56	한국불교학회
보우의 불교사상과 불유융합조화론	이봉춘	2010	한국불교학	56	한국불교학회
震默一玉의 선사상과 그 연원 고찰	차차석	2011	불교연구	34	한국불교연구원
『震默禪師遺蹟攷』에 보이는 經典名과 그 의미	이선이	2011	정토학연구	16	한국정토학회
涵虛의 『金剛經五家解說誼』에 대하여	고익진	1974	불교학보	11	동국대학교 불교문화연구원
普雨大師의 中興佛事	이종익	1990	불교학보	27	동국대학교 불교문화연구원
普雨殉敎의 歷史性과 그 意義	김영태	1993	불교학보	30	동국대학교 불교문화연구원
白谷處能의 『諫廢釋敎疏』에 關한 硏究	김용조	1979	한국불교학	4	한국불교학회
無學自超의 生涯와 活動에 대한 檢討	황인규	1997	한국불교학	23	한국불교학회
四溟堂惟政의 名·字·號에 대하여	이철헌	2000	한국불교학	26	한국불교학회
太古普愚의 사상과 현대적 의미	종호	2002	한국불교학	31	한국불교학회
四溟大師 惟政의 淨土思想	정병조	2000	불교연구	17	한국불교연구원
삼국·통일신라·고려의 僧兵史를 통해 본 사명대사 의거의 의의와 인간적·종교적 비극성	박노자	2000	불교연구	17	한국불교연구원
乾鳳寺와 四溟堂	김상현	2000	불교연구	17	한국불교연구원

③ 종통문제

제목	저자	연도	학술지명	권호	학회명
14, 5세기 조계종의 계승과 법통	허흥식	1991	동방학지	73	연세대학교 국학연구원
조선시대 선종법통설에 대한 고찰	서종범	1992	중앙승가대학 논문집	1	중앙승가대학
조선후기 浮休문파의 사상과 문파의식	조명제	2009	한국선학	24	한국선학회
사명당 유정의 후대법맥	이철헌	2008	불교학보	49	동국대학교 불교문화연구원
朝鮮 禪家의 法統考	김영태	1985	불교학보	22	동국대학교 불교문화연구원
碧松智嚴의 新資料와 法統問題	고익진	1985	불교학보	22	동국대학교 불교문화연구원
朝鮮後期 禪門의 法統考:鏡虛의 法脈系譜를 중심으로	이봉춘	1997	한국불교학	22	한국불교학회
조선후기·근대의 宗名과 宗祖 인식의 역사적 고찰: 曹溪宗과 太古法統의 결연	김용태	2010	선문화연구	8	한국불교선리연구원

④ 선논쟁

제목	저자	연도	학술지명	권호	학회명
한국선사상에 있어서 二種禪과 三種禪의 논쟁점고찰	한기두	1971	한국종교	1	원광대학교 종교문제연구소
秋史의 『白坡妄證十五條』에 대하여	고형곤	1975	학술원논문집	14	학술원
이종선과 삼종선논쟁: 불교연구의 새로운 모색을 위한 교훈	김종명	2002	『논쟁으로 보는 불교철학』		예문서원
조선말기의 禪論	한기두	1993	『한국선사상연구』		일지사
초의선사의 『禪門四辨漫語』분석	최성렬	1997	『천태사상과 동양문화』		불지사
초의의 『四辨漫語』	한기두	1970	원광대논문집	5	원광대학교
백파긍선의 삼종선 고찰	하미경	2005	한국선학	10	한국선학회
백파긍선의 『無字揀病科解』에 대한 고찰	김호귀	2007	한국선학	18	한국선학회
조선후기 선문논쟁의 전개와 의의	서재영	2009	한국선학	22	한국선학회

제목	저자	연도	학술지명	권호	학회명
涵月 海源의 사상과 二種禪에 대한 고구	권동순	2010	한국선학	26	한국선학회
초의의순의 선사상과 茶道정신	김영두	2006	보조사상	26	보조사상연구원
조선후기의 선논쟁에 내포된 원형지향성	박재현	2003	불교학연구	7	불교학연구회
초의의순의 茶禪사상	이영호	2004	불교학연구	9	불교학연구회
초의의순의 수행법과 선의 본질	종호	2004	한국불교학	36	한국불교학회
白坡의 『識智辨說』에 관한 고찰	유순백	2006	한국불교학	45	한국불교학회
초의의 선과 차의 사상적 연관성 고찰	정영희	2009	한국불교학	54	한국불교학회
조선후기 三門修學과 선논쟁의 전개	이종수	2012	한국불교학	63	한국불교학회
『修禪結社文』의 구성과 修禪作法	김호귀	2010	한국선학	25	한국선학회
『修禪結社文』의 修禪作法과 修禪結社의 이념	김호귀	2011	한국선학	29	한국선학회
『禪門五宗綱要私記』에 나타난 백파의 臨濟三句에 대한 해석 고찰	김호귀	2012	정토학연구	18	한국정토학회
『證答白坡書』를 통해 본 金秋史의 佛敎觀	이종익	1975	불교학보	12	동국대학교 불교문화연구원
朝鮮後期白坡亘璇의 唯識思想	이만	1998	불교학보	35	동국대학교 불교문화연구원
梅月堂의 佛敎世界	이법산	2000	불교학보	37	동국대학교 불교문화연구원

⑤ 조동선

제목	저자	연도	학술지명	권호	학회명
조선조 중기의 조동선	한종만	1998	『한국조동선사』		불교영상
조선조 초기의 조동선 1: 雪岑의 『十玄談要解』를 중심으로	한종만	1998	『한국조동선사』		불교영상
조선조 초기의 조동선 1: 雪岑의 『曹洞五位要解』 연구	한종만	1998	『한국조동선사』		불교영상
雪岑 金時習의 天台사상 연구	한종만	1995	한국불교학	20	한국불교학회

⑥ 기타

제목	저자	연도	학술지명	권호	학회명
조선 중·후기 선풍에 관한 연구	서종범	1993	『한국종교사상의 재조명』		원광대학교출판국
조선 중·후기의 선풍	이영자	1984	『한국선사상연구』		동국대학교 불교문화연구원
새로 발견한 『禪敎摠判門』: 한국불교의 중심사상을 집약한 것	이종익	1974	불교사상	4	불교사상사
On esoteric practices in Korean Son Buddhism during the Chosen period	소렌슨	1993	『한국종교사상의 재조명』		원광대학교출판국
조선시대 선법의 특징	최현각	2005	한국선학	12	한국선학회
조선전기 선교양종의 本山과 末寺	황인규	2005	한국선학	12	한국선학회
조선전기 선과 사찰건축: 조선전기 사찰을 중심으로	김개천	2005	한국선학	12	한국선학회
『禪門五宗綱要』의 구성과 사상적 특징	김호귀	2006	한국선학	15	한국선학회
『雲峰禪師心性論』의 사상적 특징	이병욱	2009	한국선학	24	한국선학회
三玄三要의 개념에 대한 고찰:『禪門綱要集』 연구를 위한 서설	정영식	2010	한국선학	25	한국선학회
선사의 위풍과 그 시적 구현: 조선시대 禪詩를 중심으로	조상현	2010	한국선학	26	한국선학회
『禪門五宗綱要』에 나타난 禪宗五家 교의의 특징	김상두	2011	한국선학	30	한국선학회
조선후기 불교계의 심성논쟁: 雲峰의 『心性論』을 중심으로	이종수	2008	보조사상	29	보조사상연구원
『禪門綱要集』에 나타난 臨濟三句 고찰	하미경	2008	보조사상	30	보조사상연구원
『六祖法寶檀經諺解』 연구	김무봉	2006	불교학연구	14	불교학연구회
蒙山저술의 간행과 16세기 조선불교	정병삼	2007	불교학연구	18	불교학연구회
『祖源通錄撮要』의 출현과 그 史料가치	고익진	1984	불교학보	21	동국대학교 불교문화연구원
『寂滅示衆論』의 禪思想	고익진	1985	한국불교학	10	한국불교학회

4) 대한제국 이후
①인물: 경허

제목	저자	연도	학술지명	권호	학회명
鏡虛선사의 선세계	이성타	1997	한국불교학	22	한국불교학회
경허의 선교관 연구	김경집	1997	한국사상사학	9	한국사상사학회
경허의 선사상: 돈점관을 중심으로	한중광	1996	백련불교논집	5,6 합집	백련불교문화재단
조선후기 선문의 법통고: 경허의 법맥계보를 중심으로	이봉춘	1997	한국불교학	22	한국불교학회
鏡虛惺牛 법맥의 재검토	효탄	2013	한국불교학	65	한국불교학회
경허성우의 몸과 마음: 破戒行 혹은 無心行履	김성순	2012	한국불교학	63	한국불교학회
경허성우의 佛事와 結社	고영섭	2008	한국불교학	51	한국불교학회
경허선사의 法化와 行履에 대하여	이덕진	2002	한국선학	4	한국선학회
현대한국사회의 당면문제와 경허의 사상: 사회윤리적 맥락을 중심으로	박재현	2013	한국선학	34	한국선학회
『鏡虛集』「法語」에 나타난 경허의 선사상 소고: 『示法界堂』 법어를 중심으로	신규탁	2013	한국선학	34	한국선학회
경허의 선사상과 현대적 의미	김경집	2005	보조사상	23	보조사상연구원
경허법맥의 전승에 관한 서지학적 검토	박재현	2012	보조사상	37	보조사상연구원
경허의 照心학: 중세선의 落照와 근대선의 開眼	고영섭	2008	선문화연구	4	한국불교선리연구원
경허의 定慧稧社에 나타난 수행이념재고: 稧社文을 중심으로	김호성	2012	불교학연구	33	불교학연구회
鏡虛의 定慧結社와 그 思想의 意義	김경집	1996	한국불교학	21	한국불교학회

②인물: 성철

제목	저자	연도	학술지명	권호	학회명
『禪門正路』의 근본사상	목정배	1990	보조사상	4	보조사상연구원
선종의 견성과 이론적 근거: 『禪門正	오형근	1985	석림	19	동국대학교

논문 제목	저자	연도	학술지	권/호	발행기관
路』를 중심으로					석림회
봉암사결사의 정신과 퇴옹성철의 역할	서재영	2007	한국선학	18	한국선학회
깨달음의 패러독스와 사적 언어논증: 성철과 비트겐슈타인을 중심으로	홍창성	2012	불교학보	62	동국대학교 불교문화연구원
퇴옹성철의 頓悟頓修的 見性과 究竟覺에 대한 고찰	서명원	2012	불교학보	62	동국대학교 불교문화연구원
퇴옹성철의 개혁사상 연구	김경집	2005	불교학연구	11	불교학연구회
성철스님이해를 위한 고찰: 그분의 면모를 어떻게 서양에 소개할 것인가	서명원	2007	불교학연구	17	불교학연구회
성철스님의 선수행관에 대한 일고	강문선	2005	한국불교학	40	한국불교학회
퇴옹성철의 『百日法問』에 대한 고찰	서재영	2005	한국불교학	42	한국불교학회
퇴옹성철의 견성관과 유식사상	도대현	2007	한국불교학	47	한국불교학회
성철선사의 불교관에 나타난 개혁적 요소 고찰	신규탁	2007	한국불교학	49	한국불교학회
퇴옹성철의 돈오돈수 사상	도대현	2008	한국불교학	50	한국불교학회
현대한국사회와 퇴옹성철의 위상과 역할	김성철	2011	한국불교학	61	한국불교학회
성철스님의 돈오점수설 비판에 대하여	박성배	1990	보조사상	4	보조사상연구원
선수증에 있어서 돈오점수의 과제	이종익	1990	보조사상	4	보조사상연구원
선종의 頓·漸에 관한 논쟁점 소고	김완두	1984	동국사상	17	동국대학교 불교대학 학생회
근세 한국선가에 나타난 頓漸의 문제	한기두	1990	보조사상	4	보조사상연구원
한국선학에 있어서 방법론적 성찰의 부재에 대한 단상: 돈점논쟁의 몇가지 편견에 대한 회고를 통하여	윤원철	1995	종교와 문화	1	서울대학교 종교문제연구소
돈점논쟁이 남긴 숙제	이덕진	2003	보조사상	20	보조사상연구원
비교종교학의 관점에서 본 한국불교의 돈점논쟁	서명원	2005	보조사상	24	보조사상연구원
성철의 보조지눌사상 비판의 정당성 검토	이병욱	2012	보조사상	38	보조사상연구원
돈점논쟁의 쟁점과 과제: 解悟문제를 중심으로	박태원	2012	불교학연구	32	불교학연구회

③인물: 기타

제목	저자	연도	학술지명	권호	학회명
『十玄談注解』를 통해 본 『님의 침묵』의 시세계	손종호	1986	국어국문학	95	국어국문학회
선사로서의 萬海의 행적과 선사상	서재영	2002	한국선학	4	한국선학회
만해 한용운의 禪的역할의식에 관한 연구	박재현	2007	불교학연구	16	불교학연구회
金烏선사의 선사상	최현각	2006	한국선학	14	한국선학회
白鶴鳴의 禪農一致와 근대불교개혁론	김순석	2009	한국선학	23	한국선학회
古庵禪彦 대종사의 생애와 사상의 특징 일고	이영호	2009	한국선학	23	한국선학회
鶴鳴의 禪農불교에 보이는 결사적 성격	김호성	2010	한국선학	27	한국선학회
曼庵의 禪農一致	김광식	2011	한국선학	30	한국선학회
金烏太田의 계율관 일고	신성현	2011	한국선학	30	한국선학회
鏡峰선사의 선사상: 보조지눌의 선사상과 비교하여	서왕모	2012	한국선학	33	한국선학회
龍城선사의 선사상: 三門修學의 계승, 발전	호정	2012	한국선학	34	한국선학회
九山秀蓮의 생애와 사상	김방룡	2004	보조사상	21	보조사상연구원
鏡峰스님의 선사상 일고	서왕모	2008	보조사상	30	보조사상연구원
鏡峰선사의 사상적 교류 고찰	서왕모	2009	보조사상	32	보조사상연구원
曉峰선사의 문학세계	김용덕	2010	보조사상	33	보조사상연구원
曉峰의 정혜결사와 시대적 의의	김경집	2010	보조사상	33	보조사상연구원
曉峰의 선사상	김방룡	2010	보조사상	33	보조사상연구원
朴漢永의 선 종파주의 비판: 신회·종밀과 지눌의 선교 통합주의 전통 계승	문찬주	2011	보조사상	35	보조사상연구원
九山秀蓮의 선사상: 보조선의 계승과 관련하여	김방룡	2012	보조사상	37	보조사상연구원
九山선사의 上堂法語集 『九山禪門』분석 시론	신규탁	2012	보조사상	37	보조사상연구원
龍城선사의 禪密雙修에 대한 고찰	김치온	2012	선문화연구	12	한국불교선리연구원
근대한국의 禪農佛敎에 대한 재조명: 鶴鳴과 龍城을 중심으로	김호성	2010	불교학보	55	동국대학교 불교문화연구원
현대 한국간화선의 원류와 구조에 대하여: 鏡峰선사를 중심으로	정유진	2011	불교학보	60	동국대학교 불교문화연구원

제목	저자	연도	학술지명	권호	학회명
滿空 月面의 사상과 활동	김경집	2005	불교학연구	12	불교학연구회
曉峰, 修禪社 가풍의 계승 및 근대간화선의 확립자	김방룡	2005	불교학연구	12	불교학연구회
白龍城 大覺敎의 근대성에 대한 소고: 마음(覺)을 중심으로	김정희	2007	불교학연구	17	불교학연구회
耘虛의 생애와 불교사상 소고: 그의 연구를 시작하면서	신규탁	2008	불교학연구	19	불교학연구회
東山 慧日의 선법에 대한 일고찰	이덕진	2005	한국불교학	43	한국불교학회
龍城 震鐘의 선사상에 관한 일고찰	이덕진	2007	한국불교학	48	한국불교학회
龍城선사의 『修心正路』에 대한 소고	정수	2003	대각사상	6	대각사상연구원
龍城震鐘선사의 圓頓律사상과 禪律兼行의 선풍	학담	2007	대각사상	10	대각사상연구원
白龍城스님의 大覺 證得과 點檢에 관한 연구	한보광	2008	대각사상	11	대각사상연구원
『覺海日輪』의 분석 : 동아시아 불교의 전통과 연관하여	신규탁	2008	대각사상	11	대각사상연구원
『육조단경』과 용성선사	신규탁	2009	대각사상	11	대각사상연구원
선수행의 대중화에 대한 일고: 龍城선사를 중심으로	문선희	2010	대각사상	13	대각사상연구원
鏡峰의 수행·교화·불법수호의 원융상	김광식	2011	대각사상	15	대각사상연구원
三學兼修와 禪敎融會의 漢巖思想	혜거	2005	정토학연구	8	한국정토학회
月窓居士의 『禪學入門』에 대하여	이영자	1977	불교학보	14	동국대학교 불교문화연구원
漢岩의 '道義-普照法統說': 「海東初祖에 對하야」를 중심으로	김호성	1988	보조사상	2	보조사상연구원
曉峰의 生涯와 思想	김방룡	1998	보조사상	11	보조사상연구원
滿空禪師의 生涯와 禪思想 硏究	정성본	1997	한국불교학	22	한국불교학회

④ 기타

제목	저자	연도	학술지명	권호	학회명
조선후기 선의 윤리성문제	한기두	1987	한국종교	11, 12 합집	원광대학교 종교문제연구소
조선후기의 선사상 연구	정한영	1998	불교대학원논총	5	동국대학교 불교대학원

제목	저자	연도	학술지명	권호	학회명
『祖源通錄撮要』의 출현과 그 사료가치	고익진	1984	불교학보	21	동국대학교불교문화연구원
근대선학원의 개혁인식 연구	김경집	2009	한국선학	23	한국선학회
불교적 식민지화?-1910년대 한국 圓宗과 일본 曹洞宗 연합에 대한 새로운 해석의 가능성	김환수	2012	불교연구	36	한국불교연구원

5) 기타

제목	저자	연도	학술지명	권호	학회명
선과 생활	김종의	2000	대동철학	14	대동철학회
중국선과 한국선	민영규	1993	백련불교논집	3	백련불교문화재단
한국불교에 있어서 선과 정토의 관계	권기종	1989	불교학보	26	동국대 불교문화연구원
한국선의 원류	최현각	2000	한국선학	1	한국선학회
재가자의 선수행 프로그램 고찰	황수경	2006	한국선학	13	한국선학회
『禪門撮要』와 현대 한국간화선 전통의 중흥	김종인	2009	한국선학	24	한국선학회
한국선에 미친 馬祖禪의 영향	송묵	2011	한국선학	30	한국선학회
간화선 수용과 한국간화선의 특징	이법산	2005	보조사상	23	보조사상연구원
간화선 수행전통과 현대사회	박성배	2006	보조사상	25	보조사상연구원
한국간화선과 화두참구의 계승	월암	2007	보조사상	27	보조사상연구원
한국 禪畵에 대한 소고	문경순	2009	보조사상	31	보조사상연구원
한국간화선의 세계화를 위한 제안: 유럽의 불교수용 맥락에서	최용운	2012	불교학연구	32	불교학연구회
한국비구니의 수행체계와 간화선	강문선	2003	한국불교학	34	한국불교학회
'간화선에서의 疑의 기능에 대한 고찰'에 대한 고찰	공만식	2008	불교연구	28	한국불교연구원
현대한국의 간화선: 이슈와 분석	김종명	2010	불교연구	33	한국불교연구원
근현대 한국선종교단에서 제정된 청규에 관한 고찰	적멸	2007	대각사상	10	대각사상연구원
念佛禪의 修行방법	한보광	2002	정토학연구	5	한국정토학회
禪思想의 自力과 他力문제	이법산	2005	정토학연구	8	한국정토학회
念佛禪에서의 깨달음의 문제	안준영	2009	정토학연구	12	한국정토학회
전통의 재정립과 고전: 한국 불교의	김종인	2009	정토학연구	12	한국정토학회

재정립과 『禪門撮要』					
韓國佛敎曹溪宗과 『金剛經五家解』	이종익	1974	불교학보	11	동국대 불교문화연구원
朝鮮禪宗成立史への一視點	冲本克己	1991	불교학보	28	동국대 불교문화연구원
韓國의 話頭의 淵源	최현각	1998	불교학보	35	동국대 불교문화연구원
禪武指導의 基礎課題에 對한 硏究	김철	1982	한국불교학	7	한국불교학회

2. 학위논문
1) 삼국통일까지

제목	저자	연도	대학명	학위
신라시대의 선사상	한기두	1975	원광대	석사
나말여초 선종불교정책 연구	최인표	1998	대구 효성카톨릭대	석사
신라말 선수용의 배경연구	장대붕	1997	동국대	석사
신라중대말, 하대초 북종선의 수용	정선여	1996	충남대	석사
신라하대의 가지산문	이계표	1982	전남대	석사
신라하대의 선문에 관한 연구	김동기	1984	고려대	석사
영동지방 선종부흥에 관한 연구: 나말여초 사굴산파를 중심으로	장문철	1983	경희대	석사
통일신라 하대 선종의 성립	신은숙	1978	고려대	석사
한국선종사에 있어서『金剛經』의 성립과 전래	민병희	1998	원광대	석사
한국 초기선의 師資相承관계 연구	김영채	1994	동국대	석사
선불교의 전래과정과 활동근거지에 관한 지리학적 연구	김민석	1988	동국대	석사
신라 靜衆無相 연구	이준규	2009	동국대	석사
靜衆無相의 선사상연구	이규완	2011	동국대	석사
羅末麗初 崔彦撝의 禪僧塔碑銘 硏究	김경혜	1997	충남대	석사
朗慧의 聖住山門에 대하여	김두진	1970	서울대	석사
新羅下代 禪宗九山派의 成立: 崔致遠의 四山碑의 一考	최병헌	1971	서울대	석사
新羅末, 高麗初 獅子山門과 政治勢力	박정주	1993	한림대	석사
韓國 禪思想 硏究: 新羅時代의 禪思想을 中心으로	한기두	1975	원광대	박사
羅末麗初 禪宗思想史 硏究	추만호	1991	고려대	박사
朗慧無染과 聖住山門	조범환	1998	서강대	박사

2) 고려시대

제목	저자	연도	대학명	학위
『看話決疑論』연구	김학봉	1984	동국대	석사
고려시대 청규의 연구	정재일	2000	동국대	석사
구산선문의 형성과 시대적 변천 연구	황정수	1994	동국대	석사
나말여초 선종의 사회적 성격의 변질과 법안종의 대두	김신조	1978	서울대	석사
羅麗 禪籍의 서지학적 분석연구	임영숙	1986	이화여대	석사
白雲景閑의 선사상 연구	김복옥	2000	동국대	석사
『法集別行錄節要幷入私記』를 통해 본 보조의 선사상 연구	박상국	1976	동국대	석사
선불교와의 비교를 통한 요한 웨슬레의 성화영성 재발견: 웨슬레의 영화시작과 지눌의 선시작 단계의 비교	백혜명	1995	서울신학대	석사
조계종조에 관한 일고찰	김효원	1985	고려대	석사
태고보우의 선사상 연구	김효원	1995	원광대	석사
a comparative study of Chinul's doctrine of sudden-enlightenment/gradual-cultivation and Songchol's doctrine of sudden-enlighten/gradual-cultivation	Charles Muller	1997	한림대	석사
『禪門拈頌』의 성립과 구성에 관한 연구	이점숙	2001	동국대	석사
『禪門寶藏錄』의 체계와 선사상연구	박정선	2005	동국대	석사
목우자 지눌의 정혜결사 연구	전행욱	2010	동국대	석사
보조지눌과 존 웨슬레의 구원관 비교연구	천정권	2010	동국대	석사
보조지눌의 돈점관 연구	김영숙	2005	동국대	석사
圓證國師 普愚의 선풍에 관한 연구	김동연	2003	동국대	석사
원효와 지눌의 心體論 비교연구	이경원	2002	동국대	석사
眞覺慧諶의 간화일문 연구	이수덕	2006	동국대	석사
太古普愚大師 연구	송윤주	2002	동국대	석사
太古普愚의 一物사상 연구	김홍빈	2012	동국대	석사
보조지눌의 간화선에 관한 연구	안상호	2009	동국대	석사
普雨大師 연구: 생애와 업적	윤병식	1971	동국대	석사
보조국사 지눌의 불교사상연구	이두환	1974	동국대	석사
보조지눌의 간화선 연구	이일재	1986	동국대	석사
보조지눌의 定慧觀 연구	김형록	1995	동국대	석사
원효와 보조의 인간관 비교연구	김상래	1992	동국대	석사

지눌의 선교관연구	송금선	1988	동국대	석사
태고보우의 사상과 정화운동	김창숙	1991	동국대	석사
태고화상의 법통고	서성원	1971	동국대	석사
胡僧 指空과 고려불교	김형우	1983	동국대	석사
禪佛教의 瞑想과 基督教 神秘主義 比較研究: Thomas Merton과 普照國師 知訥의 思想을 中心으로	이용우	1990	감리교신학대학	석사
普照禪의 修行門 研究	양방주	1987	인하대	석사
禪과 信 : 普照國師 知訥의 禪思想을 중심으로	이찬수	1989	서강대	석사
普照 知訥의 禪思想	이희계	1984	고려대	석사
지눌의 돈오사상과 웨슬리의 성화사상 대조연구	홍승철	1999	목원대	석사
知訥과 九山의 禪 思想 比較 研究	박정환	1999	서강대	석사
高麗睿宗代 禪僧의 活動과 佛教界의 變化	김상영	1985	한국학중앙연구원	석사
白雲의 生涯와 詩文의 特性에 對하여	최신호	1968	고려대	석사
고려혜심의 간화선 연구	이등준	1993	동국대	박사
고려후기 간화선의 수용과 전개	조명제	2000	부산대	박사
고려후기의 선사상연구	권기종	1987	동국대	박사
懶翁惠勤의 선사상연구	김창숙	1998	동국대	박사
고려후기 선종사연구	유영숙	1994	동국대	박사
懶翁惠勤의 연구	이철헌	1997	동국대	박사
지눌의 선수행체계 연구	김부용	2006	동국대	박사
고려시대 禪門연구	김상영	2007	동국대	박사
혜심의 『禪門拈頌』연구	이점숙	2010	동국대	박사
목우자 지눌의 圓頓觀 연구	최성렬	2007	동국대	박사
教育理論으로서의 知訥의 佛教 修行理論: 教育認識論的 觀點	김광민	1998	서울대	박사
普照知訥의 禪思想 研究: 中國佛教와 關聯하여	이덕진	2000	고려대	박사
普照知訥과 太古普愚의 禪思想 比較研究	김방룡	1999	원광대	박사
知訥의 教育思想에 관한 研究	박은목	1991	원광대	박사
高麗禪詩 研究	이종찬	1984	한양대	박사

3) 조선시대

제목	저자	연도	대학명	학위
白坡의 선사상에 관한 연구	김인숙	2000	원광대	석사
『六祖法寶檀經諺解』의 표기법과 음운에 대한 연구	김양원	2000	동국대	석사
西山의 선정관 연구	이효순	2001	동국대	석사
西山休靜의 선정관 연구	정광균	2000	동국대	석사
허응당 보우의 수행과 불교중흥 연구	박상현	2009	동국대	석사
『法集別行錄節要諺解』연구	이은영	2006	동국대	석사
『禪宗永嘉集諺解』연구	이미령	2006	동국대	석사
白坡의 『修禪結社文』연구	유경	2004	동국대	석사
浮休의 선사상연구	박세봉	2002	동국대	석사
서산휴정의 다원주의적 종교관 연구	박미경	2005	동국대	석사
조선말기 禪理論爭 연구	태기옥	2010	동국대	석사
조선중기의 禪淨兼修에 관한 연구	이혜선	2005	동국대	석사
震默一玉의 선사상 연구	박윤호	2009	동국대	석사
草衣선사의 茶道觀 연구	김수인	2004	동국대	석사
涵虛의 선사상 연구	서왕모	2004	동국대	석사
朝鮮時代에 刊行된 『禪源諸詮集都序』의 書誌的 硏究	최동원	2008	중앙대	석사
四溟惟政 연구	오준호	2001	동국대	박사
白坡亘璇의 사상 연구	류순백	2006	동국대	박사
白坡와 草衣의 선리논쟁 연구	하미경	2009	동국대	박사
草衣와 一休의 禪茶문화 비교연구	정영희	2012	동국대	박사
茶禪一味의 융화사상연구: 李奎報와 草衣선사를 중심으로	양홍식	2011	동국대	박사

4) 대한제국 이후

제목	저자	연도	대학명	학위
鏡虛의 선사상 연구	박신자	2001	동국대	석사
『禪門正路』의 견성관 고찰	김규봉	1999	동국대	석사
鏡虛惺牛의 생애와 선사상 연구	김영수	2000	동국대	석사
白龍城 선사연구	한태식	1980	동국대	석사

제목	저자	연도	대학명	학위
白龍城의 大覺思想에 나타난 민족의식에 관한 연구	김충식	1991	동국대	석사
漢巖선사의 불교교육사상 연구	최수도	1995	동국대	석사
慧庵 玄門의 선사상 연구	홍현지	2011	동국대	석사
A Study of the letters of Korean seon master Hanam	징말크	2003	동국대	석사
龍城선사의 『修心論』연구	함형은	2012	동국대	석사
鏡虛 무애행의 연구	하훈	2005	동국대	석사
鏡虛 入廛垂手行 연구-尋牛사상의 원용과 실천적 변용	이상실	2010	동국대	석사
龍城선사의 『修心正路』연구	문선희	2013	동국대	석사
龍城선사의 『臨終訣』 연구	정혜원	2010	동국대	석사
청화 염불선연구	이운식	2006	동국대	석사
鶴鳴선사의 연구: 『鶴鳴集』을 중심으로	김명옥	2011	동국대	석사
性徹 禪師의 『禪門正路』에 나타난 見性觀에 관한 硏究: 唯識學的 觀點을 중심으로	도더현	2004	동국대	석사
鏡虛, 滿空의 선사상연구	황정수	1999	동국대	박사
鏡峰선사 연구	서광모	2010	동국대	박사
퇴옹성철 연구	신강수	2008	동국대	박사
한마음사상과 선수행체계 연구	이균희	2006	동국대	박사
鏡虛禪詩 연구	벽규리	2013	동국대	박사

5) 기타

제목	저자	연도	대학명	학위
韓國禪宗史에 있어서 『金剛經』의 受容과 展開	민병희	1997	원광대	석사
茶禪一味의 융화사상연구	양홍식	2011	동국대	박사

6) 외국

제목	저자	연도	대학명	학위	국가
新羅禪宗の硏究	정성본	1982	愛知學院大學	석사	일본
Common themes of the three religions (confucianism, Taoism and Buddhism): the Samga Kwigam of HyuJong(1520-1604)	이영호	1990	Univ. of Hawaii	석사	미국
西山大師의 『禪家龜鑑』硏究	신정오	1987	大同文化大學	박사	일본

大慧宗杲と韓國公案禪の展開	정영식	2006	東京大學	박사	일본
A study of Korean Zen Buddhism approached through the 'Chodangjip'	서경보	1969	Temple University	박사	미국
Thomas Merton and Buddhism: A comparative study of the spiritual thought of Thomas Merton and that of national teacher Bojo	강건기	1979	New York University	박사	미국
The Philosophical Foundation of Korean Zen Buddhism: The Integration of Son and Kyo by Chinul	심재룡	1979	Univ. of Hawaii	박사	미국
高麗普照國師 硏究	이종익	1974	大正大學	박사	일본
Chinul: The Founder of the Korean Son(Zen) Tradition	길희성	1977	Harvard Univ.	박사	미국
Die Hoffnung des Nichst. Zur Eschatologie von Paul Schuetz im Dialog mit der Zen-Lehre Chinuls	김승철	1989	바젤대학	박사	스위스
A Study, with special reference tp Early Buddhism, in psychology and philosophy of Seon Buddhism as expounded by Chinul	장유진	2004	켈라니야대학	박사	스리랑카
On the theory of sudden enlightenment and sudden practice in Korean Buddhism: texts and contexts of the subitist/gradualist debates regarding Sonmun chongno	윤원철	1994	뉴욕주립대학	박사	미국

정영식鄭榮植

부산대학교 철학과 졸업
일본 동경대학교 불교학 박사
현재 동국대학교 불교학술원 HK연구단 연구교수

【주요 저서 및 논문 】

『한국간화선의원류』,『고대한국과일본의불교문화』(공역),「천복승고-각범혜홍 그리고 보조지눌의 삼현문해석」,「종경록이진각혜심에 미친영향」등 다수.

간추린 한국선사상사

초판 1쇄 인쇄 2014년 6월 24일 | **초판 1쇄 발행** 2014년 6월 30일
지은이 정영식 | **펴낸이** 김시열
펴낸곳 도서출판 운주사

   (136-034) 서울시 성북구 동소문로 67-1 성심빌딩 3층
   전화 (02) 926-8361 | 팩스 0505-115-8361
ISBN 978-89-5746-380-2 03220   값 10,000원
http://cafe.daum.net/unjubooks 〈다음카페: 도서출판 운주사〉